John Main
Das Herz der Stille

JOHN MAIN

Das HERZ der STILLE

Einführung ins Herzensgebet

Aus dem Englischen von Bernardin Schellenberger

claudius

John Main: Word into Silence

Die englische Ausgabe ist im Verlag Canterbury Press, Norwich, Großbritannien erschienen.

MIX
Papier aus verantwortungsvollen Quellen
FSC® C083411
Mehr Bäume
Weniger CO_2
www.cpi-print.de/umwelt

2. Auflage 2022

www.claudius.de
Der vorangestellte Text von Laurence Freeman wurde mit freundlicher Genehmigung dem Buch *Hesychia. Das Geheimnis des Herzensgebets*, Claudius Verlag 2012, entnommen.

Umschlaggestaltung: Guter Punkt, München
Umschlagabbildung: ©styf/Adobe Stock.com
Druck und Bindung: CPI – Clausen & Bosse, Leck

ISBN: 978-3-532-62479-1

Inhalt

John Main und die Weltgemeinschaft für christliche Meditation

von Laurence Freeman, OSB

Ich bin Benediktinermönch und habe gewissermaßen zwei Klöster: ein Kloster mit Mauern und ein Kloster ohne Mauern. Das Kloster ohne Mauern ist zu einer weltweiten Gemeinschaft gewachsen durch die gemeinsame Stille, durch die Praxis des Herzensgebets. Das ist eines jener drei Paradoxe, die ich reflektieren möchte. Das erste ist Einsamkeit und Gemeinschaft; das zweite ist Klein und Groß; das dritte ist Verborgenheit und Offenheit.

Um unsere Gemeinschaft vorzustellen, möchte ich darstellen, wie wir diesen Gebetsweg vermitteln. Wir lehren diese Methode schon Kindern. In den letzten Jahren haben wir das Herzensgebet Schulkindern beigebracht. Dieselbe Methode der Meditation bieten wir in Kirchengemeinden oder an unserem Zentrum in der Georgetown-Universität in Washington an oder geben sie Menschen mit, die schwer krank sind und sich auf den Tod vorbereiten. Wir können überall das Gleiche lehren, weil diese Lehre so einfach ist.

Einfach bedeutet nicht, dass das Herzensgebet leicht ist. Nach unserer Erfahrung lässt sich diese Methode am einfachsten Kindern nahebringen oder Alkoholikern auf dem Weg der Genesung. Kinder können einfach dasitzen und sich vertrauensvoll einlassen in wunderbarer Unschuld und Offenheit. Kindern pflege ich zu sagen: „Wir werden jetzt einige Minuten still sein. Sitzt mit geradem Rücken da, damit ihr ganz wach und aufmerksam seid. Denn ihr sollt bei der Meditation nicht einschlafen. Jesus hat gesagt: ‚Bleibt wach und betet!' Versucht in eurem Körper so still wie möglich zu sein. Und dann wollen wir versuchen, auch in unseren Gedanken still zu werden."

Gott in uns und das innere Wort

Bei der Meditation und bei dieser Art des Gebets denken wir nicht über Gott nach. Wir sprechen auch nicht zu Gott. Wir sind einfach bei Gott. Denn Jesus hat gesagt, dass Gott in uns ist. Jesus fordert uns auf, in unseren inneren Raum zu gehen, in die Herzenskammer, und die Tür zuzumachen, um dort zu beten. Wir unternehmen eine Reise vom Kopf zum Herzen. Wir lassen Gedanken, Wörter und Bilder los. Wir lassen diese mentalen Aktivitäten auf eine ganz einfache Art hinter uns: Wir nehmen ein einfaches Wort oder eine kurze Wortfolge und wiederholen sie ständig – mental und im Herzen. Wenn dann Gedanken in den Kopf steigen und uns ablenken, bekämpfen wir sie nicht. Wir lassen sie einfach wieder los und kehren zu unserem Wort zurück.

Es ist wichtig, welches Wort wir wählen, denn wir bleiben bei ein und demselben Wort vom Beginn der Meditation bis zum Ende. Man kann den Namen „Jesus" nehmen oder das Wort „Abba", so wie Jesus Gott angesprochen hat. Ich empfehle das Wort „Maranatha". Es ist das älteste christliche Gebet in Aramäisch, der Sprache, die Jesus gesprochen hat. Der Apostel Paulus beendet seinen ersten Brief an die Korinther mit diesem Gebetsruf. Wenn man dieses Wort wählt, dann teilt man es in vier Silben auf: MA – RA – NA – THA. Wenn wir das Wort sagen, tun wir das still und innerlich; wir lauschen gleichsam auf das Wort. Wir visualisieren es nicht, sondern hören auf seinen Klang. Es bedeutet: „Komm Herr!", während wir es wiederholen, denken wir über die Bedeutung jedoch nicht nach. Wir lassen alle Gedanken los, auch gute Gedanken. Die Kunst dieser Art des Betens besteht darin, ständig zu diesem einen Wort zurückzukehren, sanft, treu und mit schlichter Aufmerksamkeit.

Auf diese Weise lehren wir den Gebetsweg. Wer eine andere Praxis hat, soll bei dieser Praxis bleiben. Es geht darum, in die Tiefe zu kommen, anstatt ständig etwas zu ändern. Wir konzentrieren uns nicht besonders auf den Atem. Viele verbinden das innere Wort natürlich mit ihrem Atem. Man kann zum Beispiel das Wort beim Einatmen sprechen und beim Ausatmen still sein. Oder man kann die ersten beiden Silben MA-RA mit dem Einatmen verbinden und NA-THA mit dem Ausatmen. Entscheidend ist, dass die Aufmerksamkeit nicht zwischen Wort und Atem hin- und herspringt. Es geht darum, einen einzigen Fokus zu finden.

Jesus wird einmal gefragt: „Wann wird das Reich Gottes kommen?" Und er antwortet: „Das kann man nicht aufgrund äußerer Beobachtung sagen. Man kann nicht sagen: Hier ist es! Oder: Da! Denn tatsächlich ist das Reich Gottes in euch. Es ist unter euch." (Lukas 17,20-21) Das ist ein weiteres Paradox: In euch und unter euch! Die Worte Jesu lassen sich so oder so übersetzen.

Das erste Paradox, das ich zu Beginn erwähnt habe, ist Einsamkeit und Gemeinschaft. Dieses Paradox begegnet uns in der gesamten christlichen Geschichte. Der heilige Benedikt war zunächst Einsiedler und aus dieser Einsamkeit heraus entstand eine große Gemeinschaft. Das Beste, was man tun kann, wenn man Menschen treffen will, ist, in die Einsamkeit zu gehen. Wenn man hingegen zu offensichtlich hinter Leuten her ist, rennen sie davon. Das hat sich vermutlich noch nicht bis zu den Partnervermittlungsagenturen herumgesprochen. Aber spirituell ist es wahr.

Das Leben John Main

Das Paradox von Einsamkeit und Gemeinschaft möchte ich am Leben von John Main illustrieren. Das ist zugleich ein guter Ausgangspunkt, um unsere Gemeinschaft, die „Weltgemeinschaft für christliche Meditation“ (MCCM), besser kennenzulernen.

John Main war Sohn irischer Eltern und wurde 1926 in London geboren. Nach dem Krieg studierte er Jura und trat anschließend in den britischen diplomatischen Dienst ein. Er wurde in das damalige Malaya, heute Malaysia, gesandt. Das Land stand vor einem politischen Umbruch. Im Vorfeld der Unabhängigkeit herrschten immense Konflikte und Gewalt.

Eines Tages bat ihn der Generalgouverneur, einen indischen Mönch zu besuchen, der großartige Friedensarbeit leistete und zum gegenseitigen Verständnis der Konfliktparteien beitrug. Dieser Mönch hatte ein interreligiöses Waisenhaus für die Gewaltopfer gegründet. John Main besuchte ihn, dankte ihm für seine gute Arbeit und schenkte ihm ein Bild der Queen. Das Gespräch gewann an Tiefe und John Main begriff, dass er sich in der Gegenwart eines überaus spirituellen Menschen befand. Dieser war nicht nur ein Mann der Tat und von großem Mitgefühl, sondern zugleich ein zutiefst verinnerlichter spiritueller Mann. John Main war katholisch erzogen, er betete täglich und ging zur Messe. Schließlich kam das Gespräch auf das Gebet. Der Mönch fragte John Main, ob er bete, und dieser bejahte. Auf die Frage, wie er bete, antwortete Main: „Ich bete auf unterschiedliche Weisen. Ich lese einen Bibelabschnitt und reflektiere das Gelesene. Ich spreche im Gebet aus, was durch das Lesen in mir aufsteigt. Als Katholik habe ich auch ein sakramentales Leben. Ich bete durch die Sakramente.“ Der Mönch hörte aufmerksam zu und sagte: „Das ist wunderbar. Sie sind ein Mann von Welt und zugleich ein Mann des Gebets!“

Dann begann er, das Gebet aus seiner Perspektive als indischer Mönch zu beschreiben: „Wir beten auch auf alle mögliche Weisen. Aber das Zentrum unseres Gebetslebens ist Meditation. Beim Meditieren werden wir still. Wir lassen unsere Gedanken und Ideen los und bewegen uns zum Herzen.“ Dann zitierte er ein Wort aus den Upanischaden, das John Main sehr tief berührte: „Der Schöpfer des Universums wohnt im menschlichen Herzen und wendet sich in der Stille allen liebend zu.“ John Main spürte, dass diese Weisheit nicht erdacht war, sondern aus persönlicher Erfahrung erwachsen war. Das Wort stimmte mit seinem eigenen Glauben an die Innewohnung des Heiligen Geistes überein.

Weiter beschrieb ihm der Mönch, wie man in seiner Tradition zur Ruhe des Herzens gelangt, zur Hesychia. Man nimmt ein Wort als Mantra und wiederholt es fortwährend. Dabei lässt man allmählich Vorstellungen, Wörter und Gedanken los. Davon war John Main auch deshalb fasziniert, weil es mit einem Teil seiner katholischen Erfahrung im Einklang stand, vor allem mit dem Wiederholungsgebet des Rosenkranzes. Gleichzeitig aber spürte er eine besondere Tiefe und Einfachheit. Spontan fragte er: „Könnten Sie mir als Christ und Katholik zeigen, wie ich meditieren kann?“ Der Mönch lachte und erwiderte: „Das wird einen besseren Christen aus dir machen! Aber ich kann dich nur lehren, wenn du es ernst meinst.“ John Main widerstrebte alles allzu Schwere und Feierliche. Einer seiner Aussprüche bringt das zum Ausdruck: „Man muss ernsthaft sein, aber nicht feierlich. Ernsthaftigkeit führt zur Freude. Feierlichkeit führt zum Leichtsinn.“ Der Mönch fuhr fort: „Mit ‚ernst‘ meine ich, dass du tatsächlich meditierst. Das solltest du jeden Morgen und jeden Abend tun, jeweils etwa eine halbe Stunde lang. Wenn du magst, kannst du einmal pro Woche herkommen und wir meditieren gemeinsam. Und wenn du irgendwelche Fragen hast, dann können wir über alles reden.“

John Main nahm die Einladung und Herausforderung an. Er wählte ein christliches Mantra und integrierte dieses Gebet in sein Leben. Einmal pro Woche besuchte er seinen Lehrer zur gemeinsamen Meditation. Anfangs fragte er ihn Dinge wie: „Und wie lange soll ich das jetzt machen? Was kommt als Nächstes? Wie sollte ich mich fühlen?“ Sein Lehrer lächelte ihn dann entweder an und sagte gar nichts – oder er sagte einfach: „Sag dein Mantra!“ Das also war John Mains Initiation in die Praxis der Meditation. Einige Jahre später kehrte er nach Europa zurück und wurde Jura-Professor. Er behielt seine Meditationspraxis bei, doch wenn er davon erzählte, schien ihn niemand zu verstehen. Deshalb übte er ganz allein für sich selbst. Sein Leben war erfüllt und glücklich.

Wann immer man diesen Zustand erreicht hat und ein erfülltes und glückliches Leben führt, kann man sicher sein, dass sich etwas ändern wird. In John Mains Fall bestand die Änderung darin, dass er Mönch wurde, und zwar Benediktiner in einem Londoner Kloster. Er freute sich darauf, mit einem christlichen Mönch über seine Art der Meditation zu sprechen und beschrieb seinem Novizenmeister seine Meditationsweise. Dieser runzelte die Stirn: „Du sagst, es war ein indischer Mönch? Nun Bruder, vielleicht war das Gottes Plan für dein bisheriges Leben. Aber damit musst du jetzt aufhören." Das Gespräch ereignete sich Anfang der fünfziger Jahre, als Mönche noch gehorsam waren. In seinem Gehorsam gab John Main seine Meditationspraxis also auf. Natürlich betete er weiter in allen Formen des monastischen Gebetslebens. In Rom studierte er Theologie, nach seiner Rückkehr wurde er Lehrer an einer Londoner Schule.

In den späten sechziger Jahren schickte man ihn als Schuldirektor nach Washington. Er traf auf eine Umbruchsituation. Mönche verließen den Orden und heirateten, Schüler rebellierten, Drogenkonsum war an der Tagesordnung, das Lehrerkollegium befand sich ebenfalls in Auflösung. Zudem war die finanzielle Situation der Schule äußerst kritisch. Eines Tages begegnete ihm ein junger Mann, der bereits die ganze Welt bereist und in den Tempeln und Ashrams in Indien, Burma und Japan bei den Gurus des Ostens nach spiritueller Weisheit gesucht hatte. Von John Main wollte er wissen, ob es in der Kirche Vergleichbares gäbe. John Main empfahl dem jungen Mann ein Buch über die Wüstenväter als Einführung in die mystische Tradition in der Kirche.

Der junge Mann war von der Weisheit der Wüstenväter hellauf begeistert. Sein Enthusiasmus gab den Anstoß dazu, dass John Main die Schriften der Wüstenväter selbst eingehender zu studieren begann, insbesondere die Collationes Patrum (Gespräche mit den Vätern) von Johannes Cassian. Cassian war es, der die Weisheit der Wüste in die westliche Kirche gebracht hat. Mehrfach schreibt er ausführlich über das Gebet. Die verschiedenen Formen des Gebets führen nach seiner Überzeugung zum Gebet Jesu. Auch praktische Fragen behandelt er. So schreibt er über die Probleme der Ablenkungen, das Problem der Dualität und die Schwierigkeit, zu sehr auf ein bestimmtes Gottesbild fixiert zu sein. Als Lösung empfiehlt er eine „formula" – wir würden heute von einem inneren Wort oder einem Mantra sprechen: „Gott, eile mir zu Hilfe!" Der Heilige Benedikt übernimmt diese Formel und benutzt sie als Eröffnungsruf des Heiligen Offiziums. Seine Mönchsregel bezeichnet Benedikt als kleine Regel für Anfänger. Wer zu höheren Ebenen aufsteigen wolle, dem empfiehlt er die Lektüre Cassians und der Aussprüche der Wüstenväter.

Beim Herzensgebet ist Cassian zufolge die Formel beständig im Herzen zu bewegen. Durch diese Wiederholung gelangt der Mensch direkt zur „Armut des Geistes", indem er all die Reichtümer an Gedanken und Vorstellungen zurückweist. Das Herzensgebet führt den Betenden durch verschiedene Bewusstseinszustände. Was sich bei Cassian zunächst ganz leicht liest, erweist sich beim konkreten Üben jedoch als ganz und gar nicht einfach.

Die Lektüre der Texte Cassians hat John Mains Lehre über das Gebet nachhaltig geprägt. Er hat später oft gesagt: „Es gibt eigentlich keine unterschiedlichen Formen des Gebets. Es gibt nur das Gebet. Es ist das Gebet des Geistes, das Gebet Jesu. Jede echte Gebetsform, die wir praktizieren, führt uns zur Vereinigung mit dem Beten Jesu." Bei Cassian fand John Main, was er vor langer Zeit in Asien gelernt hatte, nun aber eingebettet in seine eigene Tradition. Er nahm seine Meditationspraxis wieder auf.

Ich hatte das Glück, John Main schon sehr früh kennenzulernen, denn er war Lehrer an meiner Londoner Schule. Später habe ich ihn einmal in Washington besucht. Zu dieser Zeit hatte er gerade wieder angefangen zu meditieren. Mit wenigen Worten und auf lockere Weise führte er auch mich in die Meditation ein. Es war, als würde er seine Lehre sanft in meinen Kopf sprühen. Ich hatte schon zahlreiche Bücher aus der mystischen Tradition gelesen. Man hätte also meinen sollen, ich würde alles über Meditation verstehen. Aber obwohl sie mich so anzog, weil sie so authentisch wirkte, konnte ich sie intellektuell und rational nicht im Entferntesten begreifen.

Nach seiner Rückkehr nach London beschloss John Main, innerhalb seines Klosters eine kleine Gruppe ins Leben zu rufen, die sich auf die Praxis dieser Meditation konzentriert. Nach einigen Monaten begannen andere Menschen, an die Klosterpforte zu klopfen. Sie suchten nach einer Möglichkeit, neben ihrem Arbeits- und Familienleben meditieren zu lernen. John Main zögerte, denn er war nach wie vor der Ansicht, Meditation sei primär eine Sache für Mönche. Doch schließlich folgte er dem

Ruf des Geistes und die ersten christlichen Meditationsgruppen entstanden. Die Menschen kamen wöchentlich zur bestehenden Meditationsgruppe hinzu. John Main sprach 15 bis 20 Minuten, dann wurde 20 bis 30 Minuten meditiert. Anschließend war Zeit für Fragen. John Main empfahl den Teilnehmern tägliche Meditation am Morgen und am Abend.

Nach einiger Zeit wurde John Main vom Erzbischof von Montreal eingeladen, dort eine klösterliche Gemeinschaft zu gründen, die gänzlich der Praxis und Lehre der Meditation verpflichtet war. Ich begleitete ihn nach Montreal. Wir lebten sehr einfach und reduzierten das monastische Leben auf ein Minimum, was das Äußere betrifft. Doch viele Menschen strömten ständig hinzu und wir integrierten die Meditation in die Tagzeitengebete und die Messe. John Main begann, mehr zu schreiben und zu reisen. 1982 starb er im Alter von 56 Jahren an Krebs.

Gemeinschaft entsteht und wächst

Zu diesem Zeitpunkt war unsere kleine monastische Kommunität in Montreal sehr zerbrechlich. Keiner wusste, ob und wie es weitergehen würde. Nach einigen Monaten begriff ich jedoch mehr und mehr, dass eine Gemeinschaft nicht nur aus Mönchen, sondern auch aus Laien entstand, die in der Welt draußen eine ernsthafte Art von kontemplativem Leben führten und unserer Meditationspraxis zutiefst verbunden waren.

Nach und nach fasste diese Gemeinschaft christlicher Meditation auch in anderen Teilen der Welt Fuß.

1990 kehrte ich nach London zurück und wir gründeten dort ein internationales Zentrum. 1991 leitete Bede Griffiths, ein großartiger Freund und Unterstützer, das John-Main-Seminar dieses Jahres. Dort formulierten wir die Grundstruktur der neuen Gemeinschaft.

Es ist bemerkenswert, dass Meditation, eine auf den Einzelnen bezogene Praxis, zu Gemeinschaft führt. Ich kann nicht für dich meditieren, du kannst nicht für mich meditieren. Aber wir können gemeinsam meditieren. Einsamkeit und Gemeinschaft sind zwei Seiten einer Medaille. Das lehrt uns, dass Einsamkeit nichts mit Isolation zu tun hat. Es geht vielmehr um die Annahme unserer eigenen Einzigartigkeit. Deshalb habe ich ein Kloster mit Mauern und eines ohne Mauern.

2011 begehen wir den 20. Jahrestag der Gründung unserer Gemeinschaft. Unsere primäre Aufgabe bleibt weiterhin, der christlichen Welt die besondere Dimension und Praxis des Gebets nahezubringen. Die „Weltgemeinschaft für christliche Meditation" ist ökumenisch ausgerichtet. Wir behaupten nicht, unsere Art zu beten sei die einzige oder beste Art zu beten. Doch viele Menschen beten so. Unser erster Fokus besteht darin, diese Dimension und Dynamik in der christlichen Welt auszubreiten. Wir sind jedoch auch in den interreligiösen Dialog eingetreten. Meditation ist von Haus aus die Basis für den Dialog mit den östlichen Religionen. Mit einer Initiative namens Meditatio wollen wir darüber hinaus die säkulare Welt ins Boot holen: Meditation mit Kindern, die Rolle der Meditation im Zusammenhang mit psychisch-mentaler Krankheit und Gesundheit, Meditation im Kontext von Geschäfts- und Finanzwelt, Meditation und die Umwelt, Meditation und soziale Gerechtigkeit –

zu diesen Dialogen laden wir Menschen aus dem säkularen Umfeld ein. Die Früchte dieser Gespräche reichen wir an unsere nationalen Koordinatoren mit der Bitte weiter, darüber im Blick auf ihre jeweilige eigene nationale Situation und Gesellschaft nachzudenken.

Klein und groß, verborgen und offen

Einsamkeit und Gemeinschaft ist das für mich wichtigste Paradox. Das zweite Paradox wird markiert durch die Spannung von „klein" und „groß". Im Kontext unserer Gemeinschaft gibt es inzwischen einige Tausend wöchentlich zusammenkommende Meditationsgruppen in der ganzen Welt. Die Gruppengröße variiert von zwei bis 30, durchschnittlich gehören acht Mitglieder zu einer Gruppe. Manche sind bekümmert, dass die Gruppen nicht größer sind. Doch nicht die Größe der Gruppe zählt. Kontemplativer Geist gedeiht meines Erachtens besser in kleinen Gruppen. Wir werden niemals das Wembley Stadion mit Meditierenden füllen. Dennoch: Wir brauchen tatsächlich mehr kontemplative Menschen. Jede kontemplative Gemeinschaft ist irgendwie „fragil" und steht ein wenig am Rande. Doch die Kirche ist immer durch den Geist der Kontemplation erneuert worden. Dies halte ich für unseren wichtigsten Beitrag für die Welt von heute. Deswegen meine ich, dass jede christliche Gottesdienstgemeinde auch eine Kontemplationsgruppe haben sollte.

Ich bin kürzlich bei einer Tagung einem amerikanischen Evangelisten begegnet. Er denkt in sehr großen Maßstäben, nichts kann ihn aufhalten. Und dennoch hat er die kontemplative Dimension des Gebets und ihre Wichtigkeit für die gesamte evangelikale Welt entdeckt.

Wir wissen nicht, wohin der Geist uns führt. Vielleicht können wir die Richtung erahnen. Dietrich Bonhoeffer sagt sinngemäß: Wenn du Christus nachfolgst, weißt du nicht, wohin dich das führen wird. Aber du weißt, dass es ein Weg der Freude sein wird. Die tiefste Bedeutung des Evangeliums liegt in der Freude des Geistes. Diese Freude finden wir im Schweigen und in der Stille unseres Herzens.

Ich schließe mit meinem dritten Paradox: Verborgenheit und Sichtbarkeit. Das, was wir lehren, bleibt in gewisser Weise verborgen. Aber zugleich ist es transparent, offen zugänglich und ganz und gar nicht esoterisch. Es ist keine Geheimlehre. Es ist nicht geheim, aber es bleibt dennoch geheimnisvoll.

(Übersetzung: Mathias Beißwenger und Andreas Ebert)

Vorwort

von John Main, OSB

Die christliche Sicht des Lebens hat einen besonders sympathischen Zug: Alles wird als Einheit gesehen. Nach christlicher Auffassung ist die gesamte Menschheit in dem Einen vereint worden, der in Einheit mit dem Vater lebt. Von der kosmischen Bewegung in Richtung dieser Einheit ist auch die gesamte materielle Welt erfasst. Das Endziel besteht darin, dass die Einheit schließlich in der allumfassenden göttlichen Harmonie wahr werden soll. Das ist in keiner Weise eine rein denkerische Spekulation, sondern spricht auch unser Gefühl an: Weil darin auf einmalige Weise der Wert jedes einzelnen Menschen bejaht wird, ist es der Grund für eine tief persönliche Freude. Bei diesem universalen Einswerden geht nichts individuell Schönes verloren, sondern ausnahmslos alles findet in allem seine letzte Vollendung. Im Einswerden werden wir die, die zu sein wir berufen sind. Nur im Einssein geht uns ganz auf, wer wir in Wahrheit sind.

Hier geschieht die große Schau, die jahrhundertelang die christliche Tradition inspiriert hat. An ihr muss sich auch künftig jeder spirituelle Weg messen. Ohne sie kann sich niemand allen Ernstes als Jünger(in) Jesu Christi bezeichnen. So besteht die Aufgabe eines jeden Christen darin, aus seiner ganz persönlichen Erfahrung diese Schau tatsächlich nachzuvollziehen: mit eigenen

Augen die Welt so zu sehen, oder genauer: sie mit den Augen Christi zu sehen. Aus christlicher Sicht bedeutet dies für das Leben des Christen, in eine allumfassende Kommunikation zu treten, zum Einssein zu finden und dieses in seinem Leben wahr und Gestalt werden zu lassen. Zunächst jedoch finden wir uns wohl alle in einem ganz anderen Zustand vor, in dem eines dualistischen Denkens und Verhaltens, das heißt: Wir sind in uns selbst gespalten in das kleine, vielfach erdgebundene Ich und das große, göttliche Selbst sowie von anderen in vielfältigen Varianten der Entfremdung getrennt. Genau genommen war der Grundfehler aller Häresien dieser Dualismus: Jede bedrohte auf ihre Weise das Ausgerichtetsein von allem, was existiert, auf die innerste, allumfassende Mitte, auf die Ganzheit und Zielgerichtetheit christlicher Weltsicht. Dieser dualistische Ansatz stellt auch heute noch jeden von uns vor die im Grunde unrealistischen, weil nicht der Wirklichkeit entsprechenden Alternativen von »entweder oder«, die viele unnötige Ängste schaffen: »Entweder Gott *oder* Mensch« »entweder Liebe zu sich selbst *oder* Liebe zum Nächsten« »entweder sich finden in der Stille *oder* sich verlieren auf dem Marktplatz der Welt«.

Wollen wir zur christlichen und urmenschlichen Erfahrung des Einsseins, zur Erfahrung Gottes in Jesus Christus vorstoßen und diese anderen mitteilen, so müssen wir zuerst einmal diese falschen Aufspaltungen in uns selbst ausmachen und loslassen. Wir selber müssen von Ihm, der der Eine ist, eins gemacht werden.

Aufspaltungen, Trennungen im Sinne des Entweder-Oder haben es an sich, dass sie alles, womit sie in Berührung kommen, wiederum aufspalten und trennen.

So erscheinen die Ganzheit und Einfachheit, die unser Ursprung sind und zu denen hin uns das tiefe Gebet, die kontemplative Meditation zurückholen wollen, als etwas sehr Schwieriges und Kompliziertes. Eine der grundsätzlichsten Aufspaltungen ist seit alters her der vermeintliche Widerspruch bzw. die scheinbare Unvereinbarkeit von aktivem und kontemplativem Leben. Ihre schädlichste Wirkung bestand darin, dass sie die große Mehrheit der Christen genau von jener Art tiefen Betens entfremdete, die gerade die Kompliziertheit überschreitet und das Einssein wiederherstellt. Das Ergebnis ist schließlich, dass sich die Christen entweder in »Kontemplative« oder »Aktive« aufteilten und Ordensleute wie Laien sich selbst anhand dieser Unterscheidung definierten. Die »Aktiven« bilden die große Mehrheit derjenigen, deren spirituelles Leben sich auf ein paar Frömmigkeitsübungen oder auf das Nachdenken über Gott beschränken, und suchen gar nicht danach, ganz persönliche Erfahrungen mit Gott zu machen. Die »Kontemplativen« gehören zu einer kleinen, privilegierten Minderheit, die von der großen Masse nicht nur durch hohe Klausurmauern und vermeintlich weltferne Gebräuche getrennt ist, sondern oft auch über ein ganz eigenes Vokabular verfügt oder sich in gänzliche Nicht-Kommunikation zurückzieht.

Wie alle großen Häresien enthält auch diese Aufspaltung ein Körnchen Wahrheit, wird daher als plausibel betrachtet und erweist sich bis heute als dauerhaft. Tatsächlich gibt es ja Menschen, die berufen sind, am Rande der turbulenten Geschäftigkeit dieser Welt allein aus dem Geist zu leben und sich ganz auf die großen Werte des Schweigens, des inneren Stillseins und der Einsamkeit zu konzentrieren. Es gibt sicherlich kontemplative Menschen, die nicht dazu berufen sind, ihren Glauben zu predigen; aber dennoch drängt es auch sie, ihre Erfahrungen mitzuteilen, weil auch spirituelle, kontemplative Erfahrungen ihrem Wesen nach kommunikativer Natur sind. Die Erfahrungen des Kontemplativen sind Erfahrungen der Liebe, und Liebe besteht ihrem Wesen nach darin, dass sie aus sich herausströmt und Kommunikation, Begegnung stiftet, mit anderen teilt und das Feld des Kommunizierens immer weiter ausdehnt.

Die Schlussfolgerung, die man aus einem dualistischen Verständnis der kontemplativen Dimension des Christseins gezogen hat, verzerrt die ausdrückliche Botschaft des Neuen Testaments, dass grundsätzlich alle zur Heiligkeit berufen sind. Der Ruf des Absoluten ergeht an ausnahmslos jeden Menschen, und nur dieser Ruf, dem es zum eigenen Heil zu folgen gilt, schenkt jedem Menschenleben seinen tiefsten Sinn. Unser höchster Wert liegt in der uns geschenkten Freiheit, diesem Ruf zu folgen. Der fatale Umstand, dass der Mehrheit der Christen diese Berufung de facto abgesprochen wurde, wirkte sich tief und nachhaltig auf die Kirche und auch auf die Gesellschaft aus. Denn wie können wir noch erwarten, dass weiterhin allen unseren alltäglichen Beziehungen Ehrfurcht und Liebe zugrunde liegt, wenn uns unser höchster Wert und Sinn genommen ist?

Die Kirche und die Welt von heute brauchen mehr als alles andere ein neues Verständnis dafür, dass die Berufung zum Gebet, und zwar zum Gebet in einem ganz tiefen Sinn, zur Meditation, an alle Menschen ergeht. Die Antwort auf die Frage, ob uns je die Einheit der Christen und auf lange Sicht auch der verschiedenen Rassen und religiösen Traditionen gelingt, hängt gerade davon ab, ob wir das innere Prinzip dieser Einheit finden. Dieses innere Prinzip lässt sich nur in Form einer persönlichen Erfahrung in unserem eigenen Herzen entdecken. Wenn wir selber spüren wollen, dass Christus tatsächlich der Friede in uns und untereinander ist, setzt dies voraus, dass wir wissen: Christus ist alles und in allem, und wir sind in Ihm. Nur in dem Maß, in dem Christen – die Kirche als der Leib Christi – diese Erfahrung persönlich gemacht haben, können sie diese Erfahrung glaubwürdig und überzeugend verkünden.

Diese Wahrheit haben wir allerdings auf ganz bescheidene Weise zu verkünden, das heißt, verwurzelt in einer Erfahrung, die uns über uns selbst hinaus ins volle Mensch- und Personsein führt. Unsere Autorität und Glaubwürdigkeit als Jünger(innen) sind so groß wie unsere Nähe zum Autor, zum Urheber unseres Glaubens. Diese Art Autorität ist etwas ganz anderes als ein autoritäres Gehabe oder jener Komplex aus Angst und Schuld, aus dem heraus Menschen gegeneinander Macht und Gewalt ausüben. Der betende und meditierende Christ verzichtet auf alle eigene Macht. Er gibt sein allzu ichbezogenes, machtbewusstes Ich auf. Indem er das tut, setzt er seinen Glauben einzig und allein auf die Kraft Christi als der einzigen Einheit stiftenden Macht unter den Menschen; denn sie ist die Macht der Liebe, die Macht des Einswerden-Wollens. In dem Maß, in dem betende, meditierende Christen ihre Herzen dieser göttlich liebenden Macht öffnen, vergrößern sie die Empfangsbereitschaft der Menschheit ganz allgemein für jenen Frieden, der ihr gewöhnliches Verständnis weit übersteigt.

Der Gedanke, dass Christen beten, meditieren sollten, ist nicht neu. Was uns heute indes als eine ganz neue Herausforderung erscheint, ist, dass wir eine Form der intensiven Meditation finden sollten, die uns diese Erfahrung des Einsseins erschließt und sich somit von allen oberflächlichen Pflichtübungen und aller ichbezogenen Frömmigkeit löst. Die Fragen, die sich uns dabei heute stellen, hat es schon immer gegeben: Wie können wir in dieser Tiefendimension meditieren? Wie können wir die dafür notwendige Disziplin erwerben? Wie können wir uns auf ganz natürliche Weise auf die innerste Wirklichkeit unseres Seins konzentrieren? Wie können wir den wesentlichen Schritt von der gedanklichen Vorstellung zur existentiellen Wirklichkeit vollziehen, vom Begrifflichen zum Konkreten, von der verstandesmäßigen Zustimmung zur persönlichen Erfahrung? Es kann nicht genügen, diese Fragen nur als Verstandesprobleme zu erörtern; dafür sind sie von viel zu vitaler, umfassender Bedeutung. Sie sind eine immense Herausforderung an unser Dasein und lassen sich folglich nur mit unserem eigenen Leben und nicht mit klugen Spekulationen beantworten.

Die einfachste Antwort auf die Frage: »Wie sollen wir beten?« findet sich im Spruch des Paulus: »Wir wissen nicht, worum wir in rechter Weise beten sollen; der Geist selber tritt jedoch für uns ein mit einem inneren Bitten, das wir nicht in Worte fassen können« (Römer 8,26). Den Christen ist offenbart worden, dass das, was sie als ihr »persönliches Gebet« bezeichnen, in Wirklichkeit das Eintreten in die Gebetserfahrung Jesu selbst ist, das heißt in den Heiligen Geist, in das Band der Einheit mit dem Vater. Damit sind für uns alle schwierigen Fragen über das Beten buchstäblich erledigt. Die persönliche Erfahrung Jesu, zum Vater zu beten und mit ihm eins zu sein, ist die gegenwärtige, ewig-gegenwärtige Wirklichkeit im tiefsten Grund des Bewusstseins jedes Menschen. Damit wird alles Suchen nach geheimem Wissen, nach verborgenen Wegen oder Lehren hinfällig, denn das letzte Geheimnis ist uns bereits offenbart worden: »Das Geheimnis ist dies: Christus ist in euch.«

So bemühen wir uns also nicht darum, dass beim Beten, beim Meditieren irgend etwas geschehe. Es *ist* bereits geschehen. Wir nehmen nur wahr, was schon ist, indem wir tiefer in das Bewusstsein des Einsseins mit und in Christus vordringen, in das Wunder unserer eigenen Erschaffung. Wer zu erfassen vermag, dass »wir den Geist Christi besitzen«, der lässt sich nicht länger in die Fixierung auf sich selbst einsperren, die ihn daran hindert, sich auf diesen großen Weg der Einswerdung zu begeben.

Wenn wir erfassen, dass der Kern des Betens in Christus zu finden ist, nicht in uns selbst, dann können wir die Frage »Wie können wir beten?« neu stellen und darauf eine hilfreiche Antwort finden. Der Weg, den wir bis zu diesem Punkt gehen, ist eine erste Etappe, und es kann sein, dass es ein schwieriger, einsamer Weg wird. Aber sind wir an diesem Punkt angelangt, so gehen uns die Augen dafür auf, dass wir uns in der großen Gemeinschaft all derer befinden, die ebenfalls bis dorthin gekommen sind und diesen Weg konsequent weitergegangen sind. Unsere eigene Erfahrung nimmt uns in diese Tradition auf, und indem wir sie übernehmen, wird sie in uns selber lebendig, und wir können sie als lebendige

Tradition an die uns Nachfolgenden weitergeben. Wichtig dabei ist, dass wir die Möglichkeit erkennen und ergreifen, unsere eigene Erfahrung ganz Wirklichkeit werden zu lassen.

Die Tradition christlicher Meditation bietet eine einfache und vor allem sehr praktische Antwort auf die Frage nach dem Wie des Betens, verbirgt sich darin doch in konzentrierter Form die reiche und tiefe Erfahrung aller bekannten und unbekannten Heiligen. Diese spirituelle Tradition wurzelt in den Worten Jesu selbst, hat ihre Quelle also in jener religiösen Überlieferung, die er selber gelebt und gelehrt hat und nach ihm die Apostolischen Väter, Kirchenväter und Mystiker(innen). Schon in der Frühzeit der christlichen Kirche wurde diese Tradition mit den Mönchen und dem Mönchtum in Zusammenhang gebracht, und seit damals wurde sie vor allem von ihnen immer wieder dem ganzen Leib der Kirche zugeführt, um sie spirituell zu stärken. Ich glaube nicht, dass dies ein besonders merk- oder fragwürdiger Umstand ist. Mönche sind von ihrem Wesen her eher Menschen der Praxis als der Theorie, und ihre innere und äußere Armut soll dem Zweck dienen, die spirituelle »Erfahrung an sich« zu erleichtern, statt bei der Reflexion über sie stehenzubleiben. So ist es ganz natürlich, ja eigentlich unvermeidlich, dass die Meditation den Kern des Mönchtums ausmacht und folglich bei den Mönchen zu finden ist. Und weil sie vor allem bei den Mönchen zu finden ist, ist das Mönchtum für die Kirche und die Welt entscheidend wichtig. Das Mönchtum in diesem Sinn, das aus dieser seiner Wesensmitte lebt, wird eine eher inklusive als exklusive Bewegung in der Kirche sein, sich also nicht abkapseln, sondern für alle offen sein. Das tut es aus dem Wissen, dass die lebendig gelebte Erfahrung auf Mitteilung und Austausch hin angelegt ist.

Wenn sich einige wenige konsequent auf diesen Weg begeben, zieht dieser Anfang bald viele andere nach. Dann muss etwas darüber gesagt oder geschrieben, oder es muss miteinander darüber gesprochen werden. Doch die intensivste Form der Weitergabe, bei der alle Worte verstummen, ist die, einfach am schöpferischen Augenblick des Betens selbst teilzuhaben. Das Beredteste und Überzeugendste an den Mönchen ist ihr Schweigen.

Gelegentlich wird die Sorge oder Skepsis geäußert, die mönchische Tradition der Meditation sei womöglich an Menschen außerhalb der Klöster überhaupt nicht zu vermitteln. Und *wenn* die Mönche sie doch vermitteln, steht die Frage im Raum, ob sie damit nicht indirekt sagen, ihr Leben sei der einzig richtige Weg. Hinter dieser Frage steckt sehr oft die Angst, den »gewöhnlichen Christen«, den »Nicht-Kontemplativen« werde viel zu viel abverlangt. Aber was hier verlangt wird, ist das, was das Evangelium allen Menschen zu jeder Zeit und in jeder Kultur zumutet und als Möglichkeit eröffnet. Jesus hat die Bedingungen für seine Nachfolge »allen« offenbart.

Paradoxerweise haben unzählige »gewöhnliche« Menschen außerhalb der Kirche nach diesem Weg gesucht, weil sie diese spirituelle Unterweisung in der Kirche selbst nicht mehr finden konnten. Sie haben sich nach Fernost gewandt oder Formen der in den Westen importierten fernöstlichen Religionen übernommen. Wenn solche Menschen etwas über ihre eigene westliche, christliche Tradition der Meditation hören, stellen sie ganz überrascht und verwundert die Frage: »Warum hat man uns das nicht schon früher gesagt?« Die Begegnung von Ost und West im spirituellen Geist eines der großen Merkmale unserer Zeit kann nur dann fruchtbar werden, wenn sie auf dem Niveau des tief innerlichen Betens und Meditierens stattfindet. Das gilt ohne Zweifel auch für das Einswerden der verschiedenen christlichen Konfessionen. Die Vorbedingung dafür ist, den Reichtum der je eigenen Tradition neu zu entdecken und den Mut zu finden, ihn sich wieder zu eigen zu machen.

Dieses Buch entstand aus der Überzeugung, dass das nicht nur eine fromme Utopie ist. Sie stützt sich auf die Erfahrung, die ich im Kloster gemacht habe, seit ich diese Tradition als lebendige Wirklichkeit an andere Menschen weitergebe und mit ihnen teile. In unserer Kommunität in Montreal/Canada pflegen wir als wesentlichen Teil des Tagesverlaufs vier Meditationszeiten, die in das Stundengebet und die Messfeier integriert sind. Darüber hinaus sehen wir unsere Aufgabe darin, unsere Tradition an alle weiterzugeben und mit allen zu teilen, die es wünschen und dafür aufgeschlossen sind. Die Mehrheit derer, die zu unseren wöchentlichen Meditationsgruppen kommen oder die als Gäste bei uns weilen, um mit uns bei unseren gemeinsamen Gebetszeiten zu meditieren, sind Menschen, die voll im Berufsleben stehen, Familien haben und allen üblichen anspruchsvollen Alltagspflichten ausgesetzt sind. Doch hat sie die Meditation angerührt, hat ihnen geholfen, in ihrem Leben jeden Morgen und Abend eine Zeit der Stille zu finden. Sie hat ihnen die Kraft gegeben, sich bei ihrer Suche nach Tiefe und dem Verwurzeltsein in Christus eine Struktur zu schaffen und dabei eine bestimmte Disziplin auf sich zu nehmen.

Es wäre müßig, sie mit dem Etikett »aktiv« oder »kontemplativ« zu versehen. Es sind Menschen, die das Evangelium wirklich gehört haben und jetzt versuchen, mit den tiefsten Schichten ihres Seins dem unendlichen Geschenk zu entsprechen, das sie von der Liebe Gottes, wie sie uns Jesus erschlossen hat, empfangen haben. Sie wissen, dass sie sich auf eine Reise in die bodenlose Tiefe der Liebe Gottes begeben, wenn sie dieser Liebe wirklich entsprechen wollen. So wissen sie auch, dass sie erst am Anfang dieser Reise stehen.

Dieses Buch wurde von der Offenheit dieser Menschen für die Meditation angeregt. Im Wesentlichen enthält es den Text einer Reihe von Kassettenaufnahmen, die wir vor einigen Jahren in England gemacht haben, um eine Einführung ins Meditieren anzubieten und außerdem Menschen, die bereits meditieren, weiter anzuregen, vor allem Menschen, die uns nicht besuchen oder nicht für längere Zeit bei uns bleiben können. Am Anfang stand also das gesprochene Wort, und ich glaube, dieses bleibt auch das ideale Mittel zur Weitergabe dieser Tradition.

Das Geheimnis, in das uns die Meditation einführt, ist ein ganz persönliches Geheimnis. Seine Vollendung findet es in der Person Christi. Je persönlicher es vermittelt wird, desto näher ist es seiner Quelle und seinem Ziel.

So bitte ich die Leser(innen), sich immer wieder vor Augen zu halten, dass die in diesem Buch abgedruckten Worte zunächst als gesprochene Worte entstanden sind. Ich hoffe, die Erinnerung daran lässt sie auch aus diesem Buch heraus lebendig von einer Tradition sprechen, bei der alles darauf ankommt, dass sie in unserer persönlichen Erfahrung lebendig wird.

Grundübung

- Setzen Sie sich an einen ruhigen Ort …
- Sitzen Sie still und aufrecht …
- Schließen Sie leicht die Augen …
- Sitzen Sie entspannt, aber ganz aufmerksam …
- Fangen Sie an, schweigend in Ihrem Inneren ein einzelnes Wort in sich hineinzusprechen. Ich empfehle Ihnen das Gebetswort »Ma-ra-na-tha« (»Komm, Herr Jesus, komm!«) …
- Sprechen Sie still diese vier Silben deutlich mit jeweils gleicher Länge …
- Hören Sie in dieses Wort hinein, wie Sie es sprechen, sacht, aber unablässig …
- Denken Sie sonst nichts, stellen Sie sich nichts anderes vor, sei es spiritueller Natur oder sonstwie …
- Kommen Ihnen Gedanken und Bilder, so sind sie zur Zeit der Meditation nur Zerstreuungen …
- Lassen Sie sie einfach ruhig vorbeiziehen, indem Sie immer wieder dieses Wort sprechen: »Ma-ra-na-tha« …
- Meditieren Sie so jeden Morgen und Abend ungefähr zwanzig bis dreißig Minuten lang …

I

EINFÜHRUNG

Wenn Sie das Meditieren lernen wollen, ist es noch nicht damit getan, dass Sie sich eine bestimmte Technik aneignen. Sie stehen vielmehr vor der Aufgabe, die Tiefen Ihres Wesens direkt zu erspüren und zu lernen, ihnen zu entsprechen, und zwar nicht die Tiefen der allgemeinen Natur des Menschen, sondern Ihre ureigenen göttlichen Tiefen. Im Idealfall sollten Sie einen erfahrenen Begleiter finden, der Ihnen auf diesem Pilgerweg zur Seite steht. Die Anregungen dieses Buches können Sie vielleicht motivieren, einen solchen zu suchen.

Wieder wir selbst werden

Zunächst müssen wir den Kontext des Meditierens genauer verstehen. Ich verwende hier den Begriff »Meditation« als Synonym für Begriffe wie Kontemplation, kontemplatives Beten, meditatives Gebet usw. Der wesentliche Kontext der Meditation besteht aus der grundlegenden Beziehung unseres Lebens, der Beziehung, in der wir als Geschöpfe zu Gott, unserem Schöpfer, stehen. Doch die meisten von uns müssen wohl zunächst einen vorbereitenden Schritt vollziehen, ehe sie sich ganz auf die Fülle des Wunders und des erhabenen Mysteriums dieser Urbeziehung einlassen können. Da geht es darum, erst einmal den Kontakt zu sich selbst und eine gesunde Beziehung zu sich selbst zu finden, ehe wir uns ausdrücklich der Beziehung zu Gott widmen können. Oder anders gesagt: Zunächst einmal müssen wir unsere eigene Fähigkeit zum Frieden, zur Gelassenheit und zur Harmonie entdecken, erfahren und ausbauen, ehe wir Gott als unseren Vater zu schätzen vermögen, den Urheber aller Harmonie und aller Gelassenheit.

Meditieren bedeutet, uns zunächst einmal darauf vorzubereiten, im Frieden mit uns selbst zu sein, um dann fähig zu werden, den göttlichen Frieden in uns selbst wahrnehmen zu können. Viele Menschen stellen sich das Meditieren als ein geeignetes Mittel vor, sich mitten in den Anspannungen des modernen, säkularen Lebens immer wieder entspannen zu können und sich so einen inneren Frieden zu bewahren. Das ist nicht grundsätzlich falsch, aber eine ziemlich verkürzte Sicht. Je entspannter wir nämlich in uns selbst werden, und je länger wir meditieren, umso klarer wird uns bewusst, dass die Quelle unserer mitten im Alltagsleben wiedergefundenen Ruhe das Leben Gottes in uns ist. In dem Maß, in dem wir uns dieser Tatsache unseres Lebens bewusst werden, finden wir zum wahren Frieden. Daraufhin ist das Bewusstsein jedes Menschen im Grunde angelegt. Doch um diese Tatsache als Wirklichkeit im eigenen Leben wahrzunehmen, muss man sich bewusst dafür entscheiden, im Frieden leben zu wollen. Das ist mit dem Psalmwort gemeint: »Seid still und wisst, dass ich Gott bin« (Psalm 46,10).

Ein tiefer innerer Friede ist uns heute in gewisser Hinsicht leichter zugänglich als damals dem hebräischen Dichter dieses Psalms, selbst wenn unsere Probleme größer als die seinen sind und unser Lebenstempo hastiger als das seine ist.

Im Neuen Testament stoßen wir auf die Überzeugung: Seit Jesus uns seinen gottverbundenen Geist geschenkt habe, sei das menschliche Bewusstsein radikal verändert worden. Christus habe uns ganz neue Bewusstseinsschichten eröffnet und uns dadurch so verändert, dass Paulus den glaubenden Menschen geradezu als eine völlige Neuschöpfung bezeichnet. Seit Jesus ins Sein der Menschheit eingegangen ist, sind wir demnach buchstäblich noch einmal neu erschaffen worden. Im 5. Kapitel seines Römerbriefs beschreibt Paulus das, was Gott in der Person Jesu für uns vollbracht hat: »Gerecht gemacht aus Glauben, haben wir Frieden mit Gott durch Jesus Christus, unseren Herrn. Durch ihn haben wir auch den Zugang zu der Gnade erhalten, in der wir stehen, und rühmen uns unserer Hoffnung auf die Herrlichkeit Gottes ...; denn die Liebe Gottes ist ausgegossen in unsere Herzen durch den Heiligen Geist, der uns gegeben ist« (Römer 5,15).

Bedenken wir einen Augenblick genauer, was hier gesagt ist, und achten wir darauf, welch gewaltiger Anspruch hier erhoben wird. »Durch ihn haben wir auch den Zugang zu der Gnade erhalten, in der wir stehen.« Und: »Die Liebe Gottes ist ausgegossen in unsere Herzen durch den Heiligen Geist, der uns gegeben ist.«

Paulus war kein Theoretiker. Er war der leidenschaftliche Verkünder eines tatsächlichen Ereignisses, das er allen Menschen zu erschließen suchte. Seine Worte beschwören dieses Ereignis als eine Wirklichkeit, an der alle Menschen teilhaben. Er geht von der Überzeugung aus, die zentrale Wirklichkeit unseres Lebens bestehe darin, dass Jesus uns seinen Geist gesandt hat. Folglich ist unser Glaube an ihn ein lebendiger Glaube, weil der lebendige Geist Gottes in uns wohnt und unseren sterblichen Körper mit neuem Leben erfüllt.

Beim Meditieren kommt also alles darauf an, zuzulassen, dass Gottes geheimnisvolle, stille Gegenwart nicht nur immer mehr zu einer Wirklichkeit neben anderen in unserem Leben wird, sondern zur Wirklichkeit unseres Lebens *schlechthin.* Wir sollen sie zu der Wirklichkeit werden lassen, die allem, was wir tun und was wir sind, Sinn, Gestalt und Zweck verleiht.

Meditation ist ein Lernprozess. Geübt werden soll

dabei, achtsam zu sein, sich zu konzentrieren, bewusst wahrzunehmen. W. H. AUDEN hat das gut auf den Punkt gebracht, als er sagte, Meditationszentren seien Stätten, an denen in einem weltlichen Kontext der Geist des Betens gelehrt werden müsse. Er war der Überzeugung, dies wäre dann gegeben, wenn man die Menschen dazu anleite, sich ganz und ausschließlich immer gerade auf das vor ihnen Liegende zu konzentrieren, sei es ein Gedicht, eine Bild, ein mathematisches Problem oder ein Blatt unter dem Mikroskop, und sich auf all das um seiner selbst willen zu konzentrieren. Er verstand unter dem »Geist des Betens« also die ichvergessene Achtsamkeit.[1]

Wer zu meditieren lernen will, muss also in erster Linie in richtiger Weise auf sich selbst achten. Es geht darum, sich dessen bewusst zu werden, wer man in Wahrheit ist. Wer tatsächlich einen Augenblick lang die Wahrheit wahrzunehmen vermag, dass er von Gott erschaffen ist, kann erahnen, welche immensen Möglichkeiten in ihm stecken: Wir Menschen sind göttlichen Ursprungs; Gott ist unser Schöpfer, und aus christlicher Sicht wissen wir, dass Gott nicht ein Schöpfer ist, der uns ein für alle Mal erschaffen hat und uns dann uns selbst überlässt, sondern dass er zugleich unser Vater ist, der uns Zeit Lebens zugetan bleibt. Das ist die Wahrheit, der wir uns entsinnen und auf die wir achten, wenn wir meditieren.

Meist behandeln wir uns selbst, ohne uns dessen bewusst zu sein, ziemlich schlecht. Das liegt daran, dass wir diese grundsätzliche Wahrheit allzu oft vergessen.

1 W. H. Auden, »A Certain World« in: A *Commonplace Wire Book*. New York 1970, 306.

Solange wir entweder zu geschäftig oder zu gelangweilt sind, um uns erinnern zu können, wer wir wirklich sind, rieselt uns unser Leben wie Sand durch die Finger. Wenn wir uns selbst schrecklich belanglos vorkommen, wenn wir uns und unser Leben ziemlich langweilig finden, kommt das daher, dass wir nicht erkennen, dass wir göttlichen Ursprungs sind und uns Gott selbst durch Jesus Christus von unserer Belanglosigkeit und Langeweile erlöst hat. Dann beachten wir auch nicht, dass wir als Tempel des Heiligen Geistes heilig sind.

Beim Meditieren geht es also darum, dass wir uns genügend Zeit und Ruhe gönnen, um uns vom Christusereignis her unseres grenzenlosen Potentials bewusst zu werden. Im 8. Kapitel seines Römerbriefs hat Paulus dies so gesagt: »Die aber, die er vorausbestimmt hat, hat er auch berufen, und die er berufen hat, hat er auch gerecht gemacht; die er aber gerecht gemacht hat, die hat er auch verherrlicht« (Römer 8,30).

Beim Meditieren öffnen wir uns für diese Herrlichkeit. Mit anderen Worten: In der Meditation entdecken wir, wer wir sind und warum wir sind. Beim Meditieren laufen wir nicht vor uns selbst davon, sondern finden uns selbst; wir lehnen uns nicht ab, sondern sagen ja zu uns selbst. AUGUSTINUS hat dies sehr prägnant und treffend formuliert: »Der Mensch muss erst zu sich selbst wiederhergestellt werden, so dass er in sich eine Art Sprungbrett bereiten kann, von dem aus er nach oben schnellt und bis zu Gott getragen wird.«[2]

Vermutlich ist den meisten Leser(innen) das, was ich

---

2 *Retractationes 1 (viii)* 3 (Migne PL XXXII).

bisher beschrieben habe, geläufig. Wir glauben, dass Gott unser Schöpfer ist. Wir glauben, dass Jesus unser Erlöser ist. Wir wissen auch, dass Jesus seinen Geist gesandt hat, damit er in uns wohne, und haben auch eine gewisse Vorstellung von unserer ewigen Bestimmung. Doch die große Schwachstelle der meisten Christen besteht darin, dass sie um diese Wahrheiten zwar auf der Ebene theologischer Theorie wissen, diese Wahrheiten aber nicht wirklich in ihrem Herzen lebendig sind. Mit anderen Worten: Diese Wahrheiten werden zwar gedacht, aber nicht wirklich wahrgenommen. Wir kennen sie als Lehrsätze der Kirche, der Theologen, der Kanzelprediger, der kirchlichen Zeitschriften, aber wir haben sie nicht als Grundwahrheiten unseres eigenen Lebens wahrgenommen, als die sichere Basis erfahren, die uns Überzeugungskraft und Autorität verleiht.

Am christlichen Kontext des Meditierens ist also nichts wesentlich Neues oder Modernes. Ihr Ziel besteht darin, dass wir uns vollkommen auf unsere ureigene, göttliche Natur konzentrieren, aus erster Hand unser Geschaffensein erfahren und uns vor allem auf den in unseren Herzen wohnenden lebendigen Geist Gottes ausrichten. Das Leben des Gottesgeistes in uns ist unzerstörbar und ewig, und so gesehen sind die Wahrheiten, die den christlichen Kontext des Meditierens ausmachen, immer neu und ewig modern.

Beim Meditieren geht es nicht darum zu versuchen, an Gott zu denken oder an seinen Sohn Jesus Christus oder an den Heiligen Geist. Vielmehr bemühen wir uns um etwas unermesslich Größeres. Wir wenden uns von allem Vergänglichen ab und versuchen, nicht nur an

Gott zu *denken,* sondern bei Gott zu *sein* und ihn als den Grund unseres Wesens zu *erfahren.* Es ist gut zu *wissen,* dass Jesus die Offenbarung des Vaters und unser Weg zum Vater ist; aber es ist etwas gänzlich anderes, in uns selbst die Gegenwart Jesu und die tatsächliche Kraft seines Geistes zu *erfahren* und durch diese Erfahrung in die Gegenwart seines und unseres Vaters versetzt zu werden.

Viele Menschen stellen heute fest, dass es ein grundsätzlicher und gewaltiger Unterschied ist, ob man über diese Wahrheiten des christlichen Glaubens nachdenkt oder ob man sie erfährt; ob man aufgrund des Hörensagens an sie glaubt, oder ob man davon überzeugt ist, weil man sie aus persönlicher Erfahrung bestätigt gefunden hat. Diese Wahrheiten zu erfahren und aus persönlicher Erfahrung bestätigen zu können ist nicht eine Sache der Spezialisten der Meditation. Paulus hat seine begeisternden und inspirierenden Briefe nicht an die Mitglieder eines in Klausur lebenden Ordens geschrieben, sondern an ganz gewöhnlichen Menschen, Metzger und Bäcker in Rom, Ephesus, Korinth, Thessaloniki.

Jeder von uns ist berufen, die Wahrheiten aus persönlicher Erfahrung zu kennen. Um diese Kenntnis aus Erfahrung geht es beim Meditieren.

Lernen, still zu sein

Jetzt schauen wir uns die Art des Schweigens genauer an, die wir zum Meditieren brauchen. Meditation ist keine Zeit für Worte, wären diese auch noch so geistvoll und ehrlich. Wenn wir in die angedeutete tiefe und geheimnisvolle Kommunikation mit Gott treten, dessen eigenes Wort vor und nach allen Worten in uns wohnt, werden alle unsere eigenen Worte schier wertlos. »Ich bin das Alpha und das Omega« (Offenbarung 21,6), spricht Christus.

Um in diese heilige und geheimnisvolle Kommunikation mit dem in uns wohnenden Wort Gottes treten zu können, müssen wir zuerst einmal den Mut aufbringen, immer stiller zu werden. In einer tiefen schöpferischen Stille können wir Gott auf eine Weise begegnen, die weit übersteigt, was unser Intellekt und unsere Sprache zu fassen vermögen. Grundsätzlich ist uns allen klar, dass wir Gott nicht dadurch erfahren und erfassen können, dass wir über ihn nachdenken. Was der Mathematiker und Philosoph Alfred Whitehead (1861–1947) über die menschliche Erkundung der Zeit sagte, ließe sich mindestens genauso gut auf das menschliche Nachdenken über Gott anwenden. »Es ist schlicht unmöglich, über die Zeit und das Geheimnis des schöpferischen Dahinfließens der Natur nachzudenken, ohne vom Gefühl überwältigt zu werden, wie beschränkt der Intellekt des Menschen ist.«[3]

Diese Erfahrung des überwältigenden Gefühls unserer ungeheuren Beschränktheit führt uns in ein Schweigen, in dem wir mit unserem gewohnten Denken aufhören und stattdessen nur mehr horchen, uns konzentrieren und achtsam sind. Das Geheimnis unserer Beziehung zu Gott ist ein derart unermesslich großes Gemälde, dass wir nur dann fähig werden, wenigstens einen Blick auf einen kleinen Ausschnitt dieses wunderbaren Bildes zu erhaschen, wenn wir unsere Fähigkeit zum staunenden und ehrfurchtsvollen Schweigen entwickeln.

Wir wissen, dass Gott uns tief innerlich gegenwärtig ist, und wir wissen auch, dass er unendlich jenseits von uns ist. Nur durch tiefes, befreiendes Schweigen können wir die beiden Pole dieses geheimnisvollen Widerspruchs miteinander versöhnen. Bei der Befreiung, die wir im schweigenden Meditieren erfahren, handelt es sich tatsächlich um die Befreiung von den unvermeidlich verzerrenden Wirkungen der Sprache. Wir beginnen zu erfahren, dass Gott tief in unserem Inneren und gleichzeitig weit jenseits von uns der Allbeherrschende ist. Jeder, der dieses befreiende Wirken des Heiligen Geistes erfahren hat, weiß genau, was Paulus meint, wenn er im 8. Kapitel seines Römerbriefs schreibt: »Wir sind also nicht dem niedrigen Teil unserer Natur verpflichtet, so dass wir auf ihrem Niveau leben müssten« (8,12).

Mit der gleichen wunderbaren Zuversicht sagt er dies auch im 1. Kapitel seines Kolosserbriefes: »Er hat uns der

---

3 Vgl. G. H. *Whitrow, The Nature of Time.* Penguin 1975, 144.

Macht der Finsternis entrissen und aufgenommen in das Reich seines geliebten Sohnes« (1,13). Weil dieses Reich in uns aufgerichtet und gegenwärtig ist, können wir uns aus den Beschränktheiten der Sprache und des Denkens lösen.

Der meditierende Weg, dieses Schweigen zu erlangen, mag sich als schwierig erweisen. Es geht dabei ja nicht nur darum, die Zunge zum Schweigen zu bringen, sondern Geist und Herz müssen einen Zustand aufmerksamer Stille erreichen. Mit diesem Bewusstseinszustand sind jedoch die meisten Abendländer überhaupt nicht vertraut. Wir sind es eher gewohnt, entweder das eine oder das andere zu sein: aufmerksam oder entspannt. Selten findet sich eine Kombination von beidem. In der Meditation hingegen erfahren wir uns zu ein und derselben Zeit völlig entspannt und völlig aufmerksam. Diese Stille ist nicht die Stille des Schlafes, sondern die Stille hellwacher Konzentration.

Wenn Sie einem Uhrmacher zusehen, der mit einer winzigen Zange im Gehäuse einer Uhr arbeitet, merken Sie, wie still und entspannt er mit der Lupe das Uhrwerk betrachtet. Seine Stille ist die Stille völliger Konzentration und des hingebungsvollen Aufgehens in dem, was er tut. Ähnlich ist unsere Stille bei der Meditation kein Zustand reiner Passivität, sondern ein Zustand völliger Offenheit und wacher Aufmerksamkeit für das Wunder unseres eigenen Wesens, völliger Offenheit für das Wunder Gottes, des Urhebers und Erhalters unseres Wesens, und ein Zustand vollen Gewahrseins dessen, dass wir mit Gott eins sind.

Einige ganz einfache und praktische Hinweise

Um fruchtbar meditieren zu können, nehmen Sie eine bequeme Sitzhaltung ein. Diese sollte bequem und entspannt, aber nicht nachlässig sein. Ihren Rücken halten Sie so gerade wie möglich, die Wirbelsäule ganz aufrecht. Wer genügend locker und beweglich ist, kann sich mit gekreuzten Beinen auf den Boden setzen. Wer sich auf einen Stuhl setzt, achte darauf, dass dieser gerade ist und bequeme Armstützen hat. Ihr Atem sollte ruhig und regelmäßig gehen. Lassen Sie jeden Muskel Ihres Körpers sich entspannen. Und dann bringen Sie Ihren Geist in Einklang mit Ihrem Körper.

Sie brauchen als innere Einstellung einen zur Ruhe gekommenen, friedlichen Geist: Darin liegt die Herausforderung beim Meditieren. Sich still hinzusetzen geht noch einigermaßen leicht. Aber die eigentliche Aufgabe der Meditation besteht darin, Körper, Geist und Seele in Einklang zu bringen. Das meinen wir, wenn wir vom Frieden Gottes sprechen, einem Frieden, der alles Verstehen übersteigt.

Der indische Mystiker Sri Ramakrishna, der im 19. Jahrhundert in Bengalen lebte, pflegte den Geist mit einem riesigen Baum voller Affen zu vergleichen, die sich ständig von Ast zu Ast schwingen und unablässig schwatzen und herumtoben. Dies ist ein ausgezeichnetes Bild für den unablässigen Tumult, der in unserem Geist herrscht, wenn wir zu meditieren beginnen. Es geht beim Meditieren nicht darum, dieses Durcheinander noch zu steigern, indem man versucht, es zu übertönen und noch mehr Geschwätz hinzuzufügen. Vielmehr besteht die Aufgabe der Meditation darin, diesen flatterhaften, zerstreuten Geist behutsam zum Stillwerden, zum Schweigen und zur Konzentration zu bringen, also zu dem, was seine vornehmste Aufgabe ist. Dieses Ziel findet sich in dem Psalmwort trefflich ausgedrückt: »Bei Gott allein kommt meine Seele zur Ruhe; denn von ihm kommt meine Hoffnung« (Psalm 62,6).

Um es zu erreichen, bedienen wir uns einer ganz einfachen Methode. Auf sie lenkte schon im 6. Jahrhundert BENEDIKT VON NURSIA die Aufmerksamkeit seiner Mönche, als er sie anwies, die *Konferenzen* des JOHANNES CASSIAN zu lesen.[4]

CASSIAN wies jeden, der die Kunst des Betens, und zwar des immerwährenden Betens, erlernen wollte, an, sich einen einzigen kurzen Vers zu wählen und diesen unablässig zu wiederholen. In seiner *Zehnten Konferenz* empfiehlt er diese Methode der schlichten und ständigen Wiederholung als die beste Möglichkeit, alle Zerstreuungen und alles Geplapper aus unserem Geist zu verscheuchen und in Gott zur Ruhe zu kommen.[5]

Als ich dies bei CASSIAN las, musste ich spontan an das Gebet denken, das Jesus in seiner Geschichte vom Sünder lobte, der hinten im Tempel stand und immer nur den einen Satz murmelte: »Gott, sei mir Sünder gnädig! Gott, sei mir Sünder gnädig!« Von ihm sagte Jesus:

---

4 *Regel des heiligen Benedikt 42,6.13; 73,14.*

5 Johannes Cassian, *Konferenz 10,10.*

»Dieser kehrte als Gerechter nach Hause zurück.« Vom Pharisäer, der ganz vorne im Tempel stand und der laut wohlformulierte Gebete sprach, sagte er dies nicht (vgl. Lukas 18,914).

Die Lehre des Johannes Cassian über das Beten beruht auf der Anweisung im Evangelium: »Wenn ihr betet, sollt ihr nicht plappern wie die Heiden, die meinen, sie werden nur erhört, wenn sie viele Worte machen. Macht es nicht wie sie; denn euer Vater weiß, was ihr braucht, noch ehe ihr ihn bittet« (Matthäus 6,78).

Wie ich bereits gesagt habe, geht es beim Gebet nicht zuerst darum, zu Gott zu reden, sondern vielmehr auf ihn zu *hören* oder einfach *bei ihm zu sein.* Dieses schlichte Verständnis vom Beten finden wir in Johannes Cassians Rat: Wenn wir beten und hören wollen, sollen wir zur Stille und Ruhe kommen, indem wir immer wieder einen einzigen Vers sprechen. Cassian weist darauf hin, er habe diese Methode schon zu seiner Zeit als alte, bewährte Tradition kennengelernt; und diese Tradition wurde seither fortgeführt und hat sich allgemein bewährt.

Tausend Jahre nach Cassian empfiehlt auch der unbekannte englische Verfasser der *Wolke des Nichtwissens* das ständige Wiederholen eines einzigen Wortes: »Wir müssen in der Höhe, Tiefe, Länge und Breite unseres Geistes beten; nicht mit vielen Worten, sondern mit einem einzigen kleinen Wort.«[6]

---

6 *Die Wolke des Nichtwissens,* Kap. 39; dt. Ausgabe: *Wolke des Nichtwissens und Brief persönlicher Führung.* Herausgegeben von Willigis Jäger, neu übertragen von Willi Massa, S. 94f.

Da diese Vorstellung manchem neu oder vielleicht sogar merkwürdig erscheinen mag, will ich noch einmal auf eine Grundübung der Meditation zu sprechen kommen: Setzen Sie sich bequem hin … Entspannen Sie sich … Achten Sie darauf, dass Sie tatsächlich aufrecht sitzen … Atmen Sie ruhig und regelmäßig … Schließen Sie die Augen und fangen dann an, immer wieder das Wort zu wiederholen, das Sie sich als Meditationswort ausgewählt haben …

In der östlichen Tradition wird ein solches Wort als *Mantra* bezeichnet. Daher will ich ab jetzt die Formulierung »das Mantra sprechen« verwenden. Welches Wort oder Mantra Sie sich wählen, ist wirklich wichtig. Im Idealfall sollten Sie Ihr Mantra nach Rücksprache mit Ihrem geistlichen Begleiter wählen. Aber für Anfänger eignet sich eine ganze Anzahl von Mantren ganz gut. Wenn Sie keinen Begleiter haben, der Sie beraten kann, sollten Sie ein Wort wählen, das sich im Lauf der Jahrhunderte der christlichen Tradition bewährt hat. Manche dieser Worte wurden schon in der Frühzeit der Kirche von Christen zum ersten Mal als Mantren verwendet. Eines davon lautet »Maranatha«. Ich empfehle es den meisten Anfängern. Dieses aramäische Wort »Maranatha« bedeutet: »Komm, Herr« »Komm, Herr Jesus, komm«.

Mit diesem Wort beschließt Paulus seinen 1. Brief an die Korinther (16,22) und ebenso der Evangelist Johannes sein Buch der Offenbarung (22,20). Es findet sich auch in einigen der frühesten christlichen Liturgien.[7] Ich ziehe die aramäische Form vor, weil sie für die meisten

7 Z. B. in der *Didache* 10,6.

von uns keine bestimmten Assoziationen weckt und uns zu einer Meditation verhilft, die frei ist von vorgeprägten Bildern. Eine andere Möglichkeit wäre der Name »Jesus« als Mantra, oder auch das Wort »Abba«, das Jesus beim Gebet verwendet. Auch dies ist ein aramäisches Wort und bedeutet »Vater« bzw. genauer und liebevoll: »Papa«. Bei der Wahl Ihres Mantra sollten Sie besonders darauf achten, dass Sie es wenn möglich nach Rücksprache mit ihrem Begleiter aussuchen und es dann treu beibehalten. Wenn Sie dagegen Ihr Mantra immer wieder wechseln, verzögern Sie Ihren Fortschritt bei der Meditation.

JOHANNES CASSIAN nennt als Zweck der Meditation, den Geist auf die Armut eines einzigen Verses zu reduzieren. Noch tiefer spricht er wenig später vom Sinn der Meditation, wenn er sagt, sie solle uns helfen, *»großartig arm« zu* werden.[8]

Das Meditieren wird Ihnen tatsächlich neue Einsichten in den großartigen Sinn der Armut erschließen. Wenn Sie treu bei Ihrem Mantra bleiben, werden Sie aus eigener Erfahrung immer tiefer verstehen, was Jesus mit seinem Wort »Selig die Armen im Geiste« (Matthäus 5,3) meinte. Wenn Sie Ihr Mantra beharrlich wiederholen, werden Sie auch ganz konkret den Sinn des treuen Festhaltens an ihm erfassen.

Beim Meditieren bekennen wir uns zu unserer erdgebundenen Armut. Wir verzichten auf Worte, Gedanken und Phantasievorstellungen und tun das, indem wir

8 *Konferenz* 10, 11.

unseren Geist auf die Armut eines einzigen Wortes beschränken. So geht es also beim Meditieren um Einfachheit. Um ihre positiven Wirkungen deutlich erfahren zu können, ist es notwendig, zweimal täglich und das jeden Tag ohne Ausnahme zu meditieren. Die geringste Zeit für die Meditation beträgt zwanzig Minuten; normalerweise sollten es fünfundzwanzig oder dreißig Minuten sein. Es ist auch hilfreich, regelmäßig am selben Platz und immer zur gleichen Zeit zu meditieren; denn das hilft, sich in seinem Leben einen schöpferischen Rhythmus zu schaffen, der zum Reifungsprozess wirksam beiträgt. Die Meditation wird dann zu einer Art regelmäßigem Pulsschlag jedes Tages.

Nachdem all das gesagt und getan ist, muss noch einmal betont werden: Das Wichtigste, was man sich vom Meditieren merken sollte, ist, dass man unermüdlich während der ganzen dafür vorgesehenen Zeit sein Mantra wiederholt. Diese Zeit bezeichnet der Verfasser der *Wolke des Nichtwissens* als »die Zeit der Arbeit«.[9]

---

9 *Die Wolke des Nichtwissens* Kap. 4-7; 36-40, aa0.

Die Kraft des Mantra

Beim christlich meditativen Beten handelt es sich im Tiefsten immer um die Erfahrung, vom Heiligen Geist bewegt zu werden. So sollten wir, wenn wir über das Gebet sprechen oder nachdenken, stets unser Hauptaugenmerk auf den Heiligen Geist und nicht auf uns selbst richten. Im Römerbrief sagt Paulus: »Wir wissen nicht, worum wir in rechter Weise beten sollen; der Geist selber tritt jedoch für uns ein mit Seufzen, das wir nicht in Worte fassen können. Und Gott, der die Herzen erforscht, weiß, was die Absicht des Geistes ist« (8,26–27). Diese Gebetserfahrung, dass in uns der Heilige Geist wirkt, steigert unsere Fähigkeit zu staunen sowie unser Vermögen zu begreifen, dass sich in unserem Wesen etwas verbirgt, das unendlich weit über uns hinausweist.

Bevor wir die Tiefen des meditativen Betens erfahren, erleben wir die Wirklichkeit in vieler Hinsicht als etwas sehr Beschränktes: Alles bietet sich uns als vergänglich dar und entgleitet uns immer wieder. Im Buddhismus bezeichnet man dies als die Erfahrung des Gefangenseins im *samsara*, im unentrinnbaren Kreislauf von Geborenwerden und Sterben. Doch wenn wir die Tiefenerfahrung des meditierenden Betens erlebt haben, beeindrucken uns vor allem die unendlichen Möglichkeiten aller Gegebenheiten der Welt, uns den unglaublichen Reichtum und die Herrlichkeit Gottes zu erschließen.

Da geschieht etwas ganz Wunderbares. Je deutlicher wir staunend Gottes unendliche Kraft in uns spüren, desto intensiver wird auch unsere Wahrnehmung, dass wir selbst in eine atemberaubende Harmonie und schöpferische Ganzheit eingewoben sind. Dann geht uns zum ersten Mal wirklich unser eigenes Wesen in seiner Großartigkeit auf. Die wahrhaft transzendente Natur dieser Entdeckung besteht darin, dass wir sie als neue Fähigkeit zu echter Einfühlung erleben: Wir werden in bisher nie gekanntem Maß fähig, mit anderen in Frieden zu leben, ja mit der Schöpfung insgesamt in Frieden zu sein.

Bei der Meditation ist es einfach die beharrliche Treue zum Sprechen des Mantra, was uns dieser Wahrnehmung des in uns betenden Heiligen Geistes immer näherbringt. Indem wir unermüdlich treu unser Mantra wiederholen, webt es allmählich unser gesamtes Wesen zur Ganzheit zusammen. Dies bewirkt es dadurch, dass es uns ins Schweigen und in die Konzentration führt und somit auf jene Bewusstseinsebene, die wir erreichen müssen, um Geist und Herz für das Wirken der Liebe Gottes in der Tiefe unseres Wesens zu öffnen.

Um zu erfassen, was dabei vor sich geht, fangen Sie damit an, dass Sie sich bequem, aufrecht hinsetzen und beginnen, still Ihr Mantra zu sprechen: »Maranatha, Maranatha ...« Wiederholen Sie dieses Wort ruhig und entspannt, und zwar ohne Unterlass während der ganzen Zeit Ihrer Meditation, das heißt ungefähr zwanzig bis dreißig Minuten lang.

Wir fangen üblicherweise damit an, das Mantra zunächst im Geist, mit dem Verstand, aus unserem Denken heraus zu sprechen. Der heutige abendländische Mensch, der sich einseitig auf die Verstandestätigkeit verlegt hat, kann gar nicht anders anfangen. Aber wenn wir in schlichter Treue einige Zeit üben, beginnt das Mantra allmählich nicht mehr nur in unserem Kopf, sondern auch, ja sogar stärker in unserem Herzen zu klingen. Das heißt, es wurzelt sich allmählich in den Tiefen unseres Wesens ein.

Die spirituellen Meister der orthodoxen Kirche haben immer betont, es komme darauf an, dass unser Gebet zum »Herzensgebet« werde. Die gravierende Auswirkung des Sündenfalls sahen sie darin, dass im Menschen Geist und Herz voneinander gespalten wurden. Tatsächlich beherrscht dieses Gefühl der inneren Gespaltenheit das Selbstverständnis des Menschen bis in unsere Zeit. Im ausgehenden 20. Jahrhundert und zu Beginn des neuen Jahrtausends lautet das Wort für Sünde, der Absonderung von der Ur-Ganzheit, »Entfremdung«. Dieses Wort drückt ein breites Spektrum von Bedeutungen aus: vom marxistischen Sinn über den der Ohnmacht, Sinnlosigkeit und Selbstentfremdung bis hin zu unserem Versagen, in angemessener Weise unsere sozialen und persönlichen Beziehungen zu gestalten. Wenn wir bedenken, dass wir uns als von vielen Formen der Entfremdung geprägt erleben, erkennen wir mehr als deutlich, wie tief gespalten wir sind.

Im Raum des Meditierens werden diese vielfältigen Formen der Entfremdung auf den einen Nenner gebracht: Geist und Herz sind in uns tief voneinander gespalten. Der Geist ist unser Organ für die Perspektiven der Wahrheit, das Herz ist unser Organ für die Dimensionen der Liebe. Aber diese beiden Organe können nicht getrennt voneinander leben, ohne dass sich ein Gefühl von Versagen, von Unehrlichkeit, von tiefer Langeweile oder hektischer Flucht vor uns selbst in rastlose Geschäftigkeit einstellt.

Der Mensch als religiöses Wesen lässt sich nicht angemessen mit den Begriffen von Lohn oder Strafe (als Antwort auf Entfremdung, Sünde, Absonderung) beschreiben, sondern eher mit den Begriffen von Ganzsein oder Gespaltensein. Die tiefste religiöse Einsicht in Ost und West besteht darin, dass der genuine Ort, an dem alle unsere Entfremdungen aufgelöst und alle unsere Fähigkeiten des Denkens und Fühlens geeint werden können, unser Herz ist. In einer der *Upanishaden* (Erläuterungen zu den hl. Schriften der Brahmanen) heißt es, man müsse seinen Geist immer im Herzen halten.[10] Der heilige Paulus vertritt die gleiche Vorstellung vom inneren Einssein des Menschen, wenn er der Liebe den eindeutigen Vorrang vor jeder anderen Dimension und Tätigkeit gibt (vgl. 1 Korinther 13,13). Die Heiligen der orthodoxen Kirche sehen die wesentliche Aufgabe des christlichen Lebens darin, mittels des Gebets diese Einheit von Geist und Herz im Menschen wiederherzustellen.

Diese Einheit stiftende Kraft vermag das Mantra zu aktivieren. Es ist wie eine harmonische Melodie, die wir in den Tiefen unseres Herzens summen und die uns immer deutlicher die Wahrheit spüren lässt, dass wir ganz und im Kern harmonisch sind. Es führt uns zur Quelle dieser Harmonie in unsere Mitte, so ähnlich, wie ein

10 *Maitri Upanishad* 6,24.

Radarsignal ein Flugzeug durch dichten Nebel sicher heimdirigiert. Es ordnet uns auch neu in dem Sinn, dass es alle unsere Kräfte und Fähigkeiten miteinander in Einklang bringt, so wie ein Magnet, den man über Eisenspäne zieht, diese alle anzieht und auf sein Kraftfeld ausrichtet.

Wenn wir zu meditieren beginnen, stellen sich uns zunächst drei wichtige Aufgaben:

1. Die erste besteht darin, still das Mantra während der gesamten Dauer der Meditation zu sprechen. Wahrscheinlich wird es einige Zeit dauern, bis man diesen ersten Schritt schafft, und derweil muss man sich in Geduld üben. Das Meditieren ist für uns alle jedoch ein ganz natürlicher Vorgang, genau wie unser körperliches Wachstum sich nach seinem eigenen natürlichen Rhythmus vollzieht, wenn auch bei jedem Menschen etwas anders. Ebenso reift auch unser Gebetsleben ganz natürlich und nach seinem eigenen Rhythmus. Wir können dabei nichts mit Gewalt erzwingen; stattdessen sollten wir einfach und ohne Hast und große Erwartung unser Mantra sprechen.

2. Die zweite Aufgabe besteht darin, das Mantra während der gesamten Meditationszeit ohne Unterbrechung zu sprechen *und* dabei ganz ruhig zu bleiben, wenn man von Zerstreuungen geplagt wird. In dieser Phase gleicht das Mantra einem Pflug, der energisch seine Bahn immer weiter durch das steinige Feld unseres Geistes zieht und sich von keinem Hindernis und keiner Ablenkung irre machen lässt.

3. Die dritte Aufgabe schließlich lautet, das Mantra während der ganzen Meditationszeit weitgehend frei von allen Zerstreuungen zu sprechen. Sind wir so weit, dann sind die Oberflächenschichten unseres Geistes in Einklang mit dem tiefen Frieden im Kern unseres Wesens. Ein und dieselbe Harmonie durchströmt jetzt unser ganzes Wesen. In diesem Zustand sind wir in den Bereich jenseits des Denkens, der Phantasie und aller Bilder gelangt. Wir ruhen einfach in der Wesenswirklichkeit, in der Wahrnehmung der Anwesenheit Gottes, der in unseren Herzen wohnt.

Wenn Sie dies lesen, denken Sie vielleicht, so zu meditieren sei ein sehr hochgestochenes Unternehmen. Es ist ein Weg, auf den wir uns auf die Einladung Jesu hin, alles zu verlassen und ihm nachzufolgen (vgl. Lukas 9,23), begeben. Wir verlassen alle unsere Gedanken und Phantasien und versuchen, ihm in der Lauterkeit unseres Herzens zu folgen. In diesem Sinn handelt es sich bei der Meditation um einen läuternden Prozess. Oder, wie der englische Dichter und Maler William Blake (1757–1827) gesagt hat: »Wären die Pforten der Wahrnehmung gereinigt, würde dem Menschen alles so erscheinen, wie es ist, nämlich unendlich.«[11] Mittels des Mantra lassen wir alle vergänglichen Bilder hinter uns und lernen, in der Unendlichkeit Gottes zu ruhen. Der Apostel Paulus fordert uns auf, genau das zu tun, wenn er uns im Römerbrief beschwört: »Angesichts des Erbarmens Gottes ermahne ich euch, euch selbst als lebendiges und heiliges Opfer darzubringen, das Gott gefällt; das ist für euch

---

11 William Blake, *A Memorable Fancy: The Ancient Tradition.*

der wahre und angemessene Gottesdienst. Gleicht euch nicht dieser Welt an, sondern wandelt euch und erneuert euer Denken« (Römer 12,1f).

Diese »Erneuerung unseres Denkens« wird uns als große und umfassende Chance geboten. Es handelt sich bei ihr zugleich um die wesentliche christliche Erfahrung, im Heiligen Geist neu geboren zu werden. Diese Neugeburt findet dann statt, wenn wir spüren, wie die Kraft des lebendigen Gottesgeistes in uns wirkt. Indem wir uns ihrer Gegenwart in uns bewusst werden, setzen wir sie gleichzeitig frei, ermöglichen ihr, in uns zu wirken und uns umzuwandeln. Das Mantra ist lediglich das Werkzeug, das uns zu dieser zentralen christlichen Erfahrung hinführt und uns unsere ureigene Erfahrung erschließt, dass Gottes Liebe uns ins innerste Herz gegossen ist durch den Heiligen Geist, den er uns gegeben hat (vgl. Römer 5,5).

Allzu leicht liest ein heutiger christlicher Leser solche Worte des Paulus mit verschleiertem Herzen und verschlossenem Geist und lernt dabei nie aus eigener Erfahrung kennen, was Paulus auf ekstatische Weise von innen heraus erfuhr und an uns weiterzugeben versuchte. Es kann sein, dass wir all das als begriffliche Einsicht übernehmen oder sogar in der Predigt weitergeben. Aber wenn es uns dabei an der Kraft des Herzens, an innerer Gewissheit und Begeisterung fehlt, dann deshalb, weil wir es nicht tief persönlich als unmittelbare und selbst erlebte Realität erfahren haben. »In der Liebe verwurzelt und auf sie gegründet«, sagt Paulus, »sollt ihr … dazu fähig sein, … die Liebe Christi zu verstehen, die alle Erkenntnis übersteigt« (Epheser 3,17–19). Wir sollen unser

Herz dafür bereiten, die wunderbare Botschaft des Evangeliums in ihrer ganzen Fülle zu empfangen. Solange wir jedoch nicht unser Bewusstsein erweitert haben, bleiben wir unfähig, die Botschaft der Liebe in ihrer wirklichen Größe auch nur ein Stück weit wirklich aufzunehmen. Zudem bleibt uns der eigentliche Sinn der Glaubenssprache, die wir ständig verwenden, verschlossen. Bevor nicht eine Erweiterung unseres Bewusstseins stattfindet, bleiben Geist und Herz zu beschränkt und gehen allzu sehr in den Vordergründigkeiten des Alltagslebens auf. Meditation meint also genau den Weg, auf dem wir mehr und mehr dahin kommen, unser Herz weit werden zu lassen, unseren Horizont »in der ganzen Länge und Breite, Höhe und Tiefe« (Epheser 3,18) unseres Wesens zu weiten und, wie William Blake gesagt hat, »die Pforten unserer Wahrnehmung zu reinigen«.

Mit diesen Gedanken wollte ich Ihnen eine ungefähre Vorstellung davon geben, welche neue, tiefe Ein-Sicht regelmäßiges Meditieren eröffnen kann. Es gibt dabei verschiedene Stufen, die wir auf einem solchen Weg beschreiten, bis uns die Wirklichkeit des Reiches Gottes voll in unserem Inneren aufgeht. Jedoch sollten wir keine Zeit und Energie auf die Sorge verschwenden, welche Stufe wir wohl soeben erreicht haben. »Wer das Reich Gottes nicht so annimmt wie ein Kind, der wird nicht hineinkommen« (Markus 10,15). Was es zu tun gilt, ist: mit dem Meditieren zu beginnen; wir müssen anfangen, uns selbst immer weiter für die Liebe Gottes und für ihre Kraft zu öffnen. Dazu brauchen wir nur unser Mantra zu sprechen, und zwar im Geist der Liebe und mit tiefer Glaubenszuversicht.

Die Etappen unseres Fortschritts in der Meditation

stellen sich zu ihrer Zeit und von uns nicht steuerbar ein. Das ist Gottes Zeit. Wir stehen dem inneren Wachsen nur im Weg, wenn wir uns zu sehr auf die Frage konzentrieren, auf welcher Wachstumsstufe wir wohl stehen. Eine gute Hilfe auf diesem Weg kann ein kundiger Begleiter sein. Aber im Grunde kann Ihnen Ihr Begleiter nur eine einzige Anweisung geben: Sprechen Sie Ihr Mantra. Alles andere dient der Ermutigung und dem Trost, bis sich das Mantra in Ihr Bewusstsein und Herz eingewurzelt hat. Den Weg der Erleuchtung kann jeder nur ganz allein gehen. Jeder Mensch gewinnt Weisheit ganz persönlich. Der erfahrene Begleiter sieht seine Aufgabe darin, Sie zu ermuntern, den begonnenen Weg konsequent weiterzugehen. Darin sollte er Meister sein, weil er selbst auf dem Weg ist, und zwar dem zu Begleitenden ein paar Schritte voraus. Das Wort »Guru« bedeutet »Zerstreuer der Finsternis«, aber auch »der Stetige«.

Die größte aller Versuchungen auf dem Weg besteht darin, alles als sehr schwierig zu betrachten und ihn immer wieder in Frage zu stellen. Man erinnere sich an das Wort: »Wer das Reich Gottes nicht so annimmt wie ein Kind…« Das Meditieren vereinfacht uns, ja, es vereinfacht uns bis dahin, dass wir die Fülle der Wahrheit und die Fülle der Liebe zu empfangen vermögen. Es bereitet uns für diesen Empfang und macht uns schließlich fähig, mit der Achtsamkeit eines Kindes auf den Geist Jesu in unserem Inneren zu hören. In dem Maß, in dem wir in der Meditation beharrlich sind, treten wir immer tiefer in die Beziehung mit dem Heiligen Geist ein, mit Gott, der in unserem Herzen wohnenden Liebe, die uns erleuchtet und mit sprühender Vitalität erfüllt.

Die Fülle des Lebens

Wer das Meditieren nur von außen betrachtet, hält es nicht selten fälschlicherweise für eine Spielart der heute gängigen egozentrischen Selbstbespiegelung. Oft wirkt es von außen so, als sei der Meditierende allzu sehr nach innen gewandt und offenbare auf unangenehme Weise einen hartnäckigen, ungesunden Narzissmus. Dass es so aussehen *kann,* ist leicht verständlich, denn, wie wir von AUGUSTINUS gehört haben: »Der Mensch muss erst zu sich selbst wiederhergestellt werden«, damit er »bis zu Gott getragen wird«. Indem wir meditieren, bekräftigen wir unseren Glauben, die Tatsache, dass wir ins Dasein gerufen worden sind, sei ein großes Geschenk. Wir anerkennen das Wunder, dass es uns gibt, und sind bereit, Zeit und Ausdauer dafür aufzubringen, unser Dasein und Leben wirklich ganz zu erfassen. Schließlich hat Jesus gesagt, seine Sendung sei es, uns die Fülle des Lebens zu bringen: »Ich bin gekommen, damit sie das Leben haben und es in Fülle haben« (Johannes 10,10). Er versichert uns zudem, er selbst sei der Weg zu dieser Fülle. »Ich bin das Licht der Welt«, sagt er von sich, und »wer mir nachfolgt, wird nicht in der Finsternis umhergehen, sondern wird das Licht des Lebens haben« (Johannes 8,12). Wenn wir meditieren, erklären wir, dass wir diese Einladung Jesu annehmen. Jedes Mal, wenn wir uns in die Meditation begeben, lassen wir uns also auf den Prozess des Sich-Öffnens für die Fülle des Lebens und die Erleuchtung ein.

Aus der Lehre Jesu und daraus, wie die frühe Kirche diese Lehre verstanden hat, spüren wir deutlich die mitreißende Überzeugung heraus, dass dieses Leben und dieses Licht sich buchstäblich im eigenen Inneren eines jeden von uns finden lassen. Paulus schreibt nicht an Experten und auch nicht an eine Gruppe Kartäuser oder Karmeliten, sondern an die normalen Bürger von Rom: «Wenn der Geist dessen in euch wohnt, der Jesus von den Toten auferweckt hat, dann wird er, der Christus Jesus von den Toten auferweckt hat, auch euren sterblichen Leib lebendig machen, durch seinen Geist, der in euch wohnt» (Römer 8,1).

Meditieren stellt an uns den Anspruch, unsere Herzen diesem Licht und diesem Leben ganz einfach dadurch zu öffnen, dass wir in höchstem Maß achtsam werden, das heißt, auf dieses in uns bereits anwesende Licht und Leben zu achten. Wir achten dabei auf unsere eigene wahre Natur, und indem wir uns des Einsseins unserer Natur mit Jesus Christus voll bewusst werden, werden wir zugleich voll und ganz wir selbst. Werden wir aber ganz wir selbst, dann erschließt sich uns die Fülle des Lebens, die Jesus uns gebracht hat. Wir nehmen im aufmerksamen Schweigen unseres meditierenden Betens schließlich wahr, dass wir als Tempel des Geistes Gottes unendlich heilig sind. Wir lernen es, uns bewusst zu machen, wer wir sind, und dass unsere Berufung darin besteht, auf die Gottheit selbst zu schauen und in der Kontemplation bei ihr zu verweilen, um so selbst vergöttlicht zu werden. Im dritten eucharistischen Hochgebet der heiligen Messe ist das so formuliert: «Wir werden dich, unseren Gott, schauen, wie du bist, dir ähnlich sein auf ewig und dein Lob singen ohne Ende.»

Die großen christlichen Meister des kontemplativen Betens haben alle das Gebet in diesem Sinn verstanden: als Entdeckung des Selbst, das uns weit über alle engstirnige Selbstbewusstheit und Selbstbezogenheit hinausträgt. Bei dieser Entdeckung machen wir uns selbst zum Sprungbrett in den unendlich Größeren, Weiteren, in Gott hinein. Im 12. Jahrhundert hat RICHARD VON ST. VICTOR das schlicht und einfach so formuliert: »Die Vernunftseele findet in sich selbst den wichtigsten und vorzüglichsten Spiegel, um Gott zu schauen. Es soll also jeder, der Gott zu schauen begehrt, seinen Spiegel säubern und sein Herz reinigen. Ist der Spiegel gesäubert und hat man lange Zeit sorgfältig hineingeschaut, so beginnt der helle Schein des göttlichen Lichtes daraus zu strahlen, und unseren Augen erschließt sich ein bislang unbekannter, großer erleuchtender Strahl.«[12]

Wenn wir das Mantra sprechen, tun wir genau das: Wir säubern unseren Spiegel, den Spiegel in unserem eigenen Inneren, damit unser Herz ganz offen für das Werk der Liebe Gottes an uns wird und das Licht dieser Liebe vollkommen widerzuspiegeln vermag. Wir müssen ganz klar verstehen, dass der erste Schritt in diese Richtung darin besteht, unser eigenes Haus in Ordnung zu bringen. So gesehen, ist Meditation ein Prozess der Selbstentdeckung. Wenn wir konsequent unsere beiden täglichen Meditationszeiten halten, entdecken wir, dass es

---

12 Richard von St. Victor, *Selected Writings on Contemplation,* ed. Kirchberger (Faber & Faber 1957), 102.

in der christlichen Tradition bei der Selbstentdeckung und Selbstbejahung darum geht, unsere eigene, uns von Christus geschenkte tatsächliche Größe und Herrlichkeit wahrzunehmen. Die heilige KATHARINA VON GENUA hat das so ausgedrückt: »Mein Ich ist Gott, und ich kenne mein Selbst nicht, es sei denn in Ihm.«[13] In der indischen Tradition kommt das gleiche Verständnis zum Ausdruck, wenn gesagt wird, unsere Hauptaufgabe bestehe darin, unser eigenes wahres inneres Selbst zu entdecken. Es wird als *Atman* bezeichnet, das uns zur Bewusstheit verhelfe, mit dem letzten universalen Selbst eins zu sein, nämlich mit *Brahman,* das Gott ist.

Ähnlich sehen wir aus christlicher Sicht die große Aufgabe des kontemplativen Betens darin, unser inniges Einssein mit Gott, unserem Vater durch Christus im Heiligen Geist wahrzunehmen. GREGOR DER GROSSE schrieb vom heiligen BENEDIKT: »Er wohnte immer ganz bei sich selbst in der Gegenwart seines Schöpfers und gestattete es seinen Augen nicht, sich auf Zerstreuungen zu richten.«[14] Diese Beschreibung hat etwas ungemein Sympathisches. Sie stellt den Vater des abendländischen Mönchtums als jemanden vor, der vor allem anderen ein Mann des Gebets war. »Er wohnte immer ganz bei sich selbst«: Damit will PAPST GREGOR sagen, dass BENEDIKT eine Ganzheit und Harmonie erlangt hatte, aus der alle falschen Vorstellungen und alle Illusionen über sich selbst, also Illusionen, die ihrem Wesen nach von außen aufgesetzt sind, verbannt waren.

---

13 Nach E. Underhill, *The Mystics of the Church.* James Clarke 1975,51.

14 *Dialoge* (II. Buch) Kap. 3.

Die uns gestellte Aufgabe besteht darin, den Weg in unsere eigene schöpferische Mitte zu finden, in der die Ganzheit und Harmonie bereits angelegt sind, und alle falschen Bilder von uns selbst aufzugeben, das heißt alle Vorstellungen darüber, was wir sind oder was wir vielleicht gewesen sind; denn sie alle existieren nur als Scheingebilde außerhalb unserer selbst. Wenn wir in dieser Art Wahrhaftigkeit und Einfachheit, die alle Illusionen zerstört, bei uns selbst bleiben, versetzt uns das gleichzeitig in die ständige Gegenwart unseres Schöpfers. Hier setzt das Mantra als äußerst wichtiges Hilfsmittel an. In dem Maß, wie wir lernen, das Mantra in Bewusstsein und Herz einzuwurzeln, wird es zu einer Art Schlüssel, der die Tür zur verborgenen Innenkammer unseres Herzens aufschließt.

Zunächst bedeutet es regelrechte Arbeit, morgens und abends während unserer festgesetzten Zeiten das Mantra zu sprechen. Wir müssen uns darin einüben, durch und durch mit ihm vertraut zu werden. Aber wenn wir allmählich damit Fortschritte machen und anfangen zu hören, wie es in uns spricht, dann treten wir jedes Mal in diese innere Kammer unseres Herzens und verweilen darin, solange wir es sprechen. Wir brauchen uns dann während anderer Zeiten des Tages nur das Mantra in Erinnerung rufen, und schon versetzt uns das wieder in die Gegenwart unseres in uns wohnenden Schöpfers. »Ich bin bei euch alle Tage« (Matthäus 28,20), spricht der Herr.

Wenn man das meditative Beten übt, lernt man, so voll und ganz wie nur irgend möglich im gegenwärtigen Augenblick zu sein. Beim Meditieren versuchen wir, uns möglichst intensiv auf die Gegenwart einzulassen und auf diese Weise so bewusst wie möglich mit dem auferstandenen Christus zu leben, dessen Liebe uns umhüllt. Lässt man sich tatsächlich voll und ganz auf den gegenwärtigen Augenblick ein, so findet man sich selbst, kehrt bei sich selbst ein, wohnt bei sich selbst, indem man auf alle Gedanken und Bilder verzichtet. In der Meditation denken wir nicht über die Vergangenheit nach, weder über unsere eigene noch über die eines anderen, noch denken wir über unsere eigene oder die Zukunft eines anderen nach. Beim Meditieren sind wir vollkommen auf die Gegenwart ausgerichtet, und in ihr leben wir in der Fülle unserer Fassungskraft. Wenn wir uns so bewusst für den in unserem Leben anwesenden Christus öffnen, weitet das unser Bewusstsein. Die Erfahrung, auf diese Weise in vollkommener Bewusstheit zu leben, ist eine Erfahrung des Einsseins und der Einfachheit.

Das erste ist, dass wir uns unserer eigenen Ganzheit und unseres Einsseins bewusst werden. Wenn wir in diesem Bewusstseinszustand einige Zeit verweilen, erfahren wir immer stärker die Bewusstheit, mit allen anderen Menschen eins zu sein, mit der ganzen Schöpfung und mit unserem Schöpfer. Ruhen wir in diesem Zustand erhöhter Bewusstheit, so beginnen wir, immer besser zu begreifen, was der heilige Paulus meinte, als er folgende Worte an die Epheser schrieb: «Ihr sollt fähig werden, die Liebe Christi zu verstehen, die alle Erkenntnis übersteigt. So werdet ihr mehr und mehr von der ganzen Fülle Gottes erfüllt» (Epheser 3,18-19). Wir beginnen zu begreifen, was es bedeutet zu sein: im Hier und jetzt zu sein.

Es handelt sich dabei um eine Reise, um eine Pilgerfahrt, deren Ziel unser eigenes Herz ist. Diese Pilgerfahrt erfordert einigen Mut. Der amerikanisch-englische Dichter THOMAS S. ELIOT (1888–1965) hat es in *The Four Quartets so* formuliert: »Besonders viel Wirklichkeit kann der Mensch nicht ertragen.«[15] Die Meditation ist unser Weg, alle Illusionen über uns selbst, über andere und über Gott hinter uns zu lassen, die wir uns entweder selbst geschaffen oder aus der Vergangenheit übernommen haben.

In dem Maß, wie wir allmählich ins Schweigen hineingelangen, fangen wir an, den wahren Sinn der Worte Jesu zu erfahren: »Wer sein Leben retten willen, muss es zuerst verlieren«, und: »Wer mein Jünger sein will, der verleugne sich selbst« (vgl. Markus 8,34–36). Man braucht großen Mut, um wirklich still zu werden. Genauso kostet es einiges, wenn man es lernen will, einfach nur ein Mantra zu sprechen und alles Denken abzulegen. Doch wer darin aushält, entdeckt allmählich, dass ihn die Armut des Mantra zu einer wirklich radikalen Einfachheit führt, die ihm diesen Mut schenkt, und erstaunlicherweise sind wir zu mehr Mut fähig, als wir gemeinhin glauben möchten.

Die Meditation ist das Gebet nackten Glaubens; denn wir müssen zunächst uns selbst ganz zurücklassen, ehe der Ganz-Andere erscheint, und wir haben keine Garantie in der Hand, dass er tatsächlich erscheinen wird. Das Wesen der Armut besteht in der Bereitschaft, dieses Risiko des Zunichtewerdens auf sich zu nehmen. Das

---

15 Aus: »Burnt Norton I«, *The Four Quartets*, Faber & Faber 1979.

ist der Sprung des Glaubens von uns selbst weg auf den Ganz-Anderen zu. Echte Liebe konfrontiert uns mit dem Anspruch, dieses Risiko einzugehen, um die »Weisheit des ungesicherten Lebens« (ALAN WATTS) zu entdecken.

Auf dem Weg unseres Voranschreitens kommt eine äußerst kritische Stelle. Es ist die Stelle, an der uns aufgeht, wie absolut kompromisslos unsere Hingabe an das kontemplative Gebet sein muss und welche radikale Armut uns das Mantra zumutet. An diesem Punkt ist es wiederum sehr hilfreich, ja womöglich ausschlaggebend, wenn man einen erfahrenen Begleiter hat. Aber im Grunde ist die Einladung zum Meditieren etwas sehr Einfaches. Wir meditieren, um uns darauf vorzubereiten, die Fülle und das Leben und das Licht zu empfangen. Dafür sind wir erschaffen.

II

MEDITATION –
CHRISTLICHE TIEFENERFAHRUNG

Das Selbst

Der irdisch gesinnte Mensch aber lässt sich nicht auf das ein, was vom Geist Gottes kommt.

1 Korinther 2,14

»Erkenne also dich selbst; maße dir nicht an, Gott ergründen zu können. Der dem Menschen angemessene Untersuchungsgegenstand ist der Mensch.« Als der englische Dichter ALEXANDER POPE im 18. Jahrhundert in seinem *Essay on Man* diese Sätze schrieb, besaß er noch eine weit größere Zuversicht in die grundsätzliche Vernünftigkeit des Menschen als wir heute. Bei dieser seiner Zuversicht handelte es sich um mehr als einen bloßen rationalen Humanismus. Sie ging von der Grundüberzeugung aus, dass der Mensch seinem Wesen nach gut sei, das Leben grundsätzlich einen positiven Sinn habe und in allen Angelegenheiten der Menschen wie auch in den sich entfaltenden Energien des gesamten Kosmos eine sinnvolle Ordnung walte. Den heutigen Menschen erfüllt dagegen ein wesentlich geringeres Grundvertrauen sich selbst und der Welt gegenüber. Er neigt eher zur Ansicht, er habe Kräfte ausgelöst, die er nicht mehr unter Kontrolle bekommt und die seine natürlichen Ressourcen derart gnadenlos erschöpfen, dass die Gefahr besteht, sie gingen zu Ende, ehe seine Enkel groß geworden sind.

Aber die grundlegende Ursache für seine Verwirrung und Entfremdung ist wohl der Umstand, dass er den Boden unter den Füßen verloren hat, seit er nicht mehr daran glauben kann, er sei grundsätzlich gut, vernünftig und im Innersten heil. Außerdem gibt es keinen gemeinsamen Glauben mehr, der ihn mit den anderen Menschen verbindet. Sofern er mit anderen in einer Überzeugung, einem Denken oder einem Gefühl übereinstimmt (und eine solche Gemeinsamkeit muss er immer wieder suchen oder sich künstlich schaffen), ist es am ehesten die Überzeugung, selbst höchst fragwürdig und früher oder später dem Untergang geweiht zu sein; oder es ist der Protest gewöhnlich eher ein Protest gegen irgendetwas, seltener ein Protest im Namen eines positiven Anliegens und als Bekenntnis zu diesem. Es mag sein, dass dies ein Stück weit zu unserer endlichen Natur gehört, mit der wir leben müssen: dass alle Menschen ungefähr die gleichen Ängste und Vorurteile mit sich herumschleppen und ihr Mitgefühl füreinander auf dieser negativ geprägten gemeinsamen Grundlage beruht.

Und doch: Es gibt eine Alternative zu dieser Urerfahrung des Begrenztseins: das tiefe Bewusstsein, dass im Menschen ein atemberaubendes positives Lebenspotential bereit liegt; es verleiht die innere Gewissheit, darin allen Menschen als Brüdern und Schwestern zutiefst verbunden zu sein. Die ganz besondere Aufgabe der Christen ist es, dem Menschen von heute dieses ermutigende Bewusstsein für sein Selbstverständnis und seine Weltsicht zu erschließen.

Wenn das Christentum mehr als eine unter vielen

heute angebotenen Ideologien sein soll, wenn es tatsächlich ein Leben ist, das wir empfangen und an andere weitergeben, dann müssen wir uns die Frage stellen: Woher kommt es, dass die Kraft dieses Lebens des auferstandenen Christus nicht so von uns an die heutigen Menschen weitergegeben wird, dass sie deren negative Energien der Selbstverachtung in das positive Bewusstsein um die Tiefe und den Reichtum ihres eigenen Geistes verwandelt?

Im alten Mythos vom Fischerkönig ist das Land durch einen Fluch versehrt. Alles Wasser ist gefroren, die Erde steinhart. Keine Macht im Land vermag den Fluch zu lösen. Der König sitzt schweigend da und angelt durch ein Loch im Eis und wartet verzagt auf die Erlösung. Eines Tages kommt ein Fremder und stellt dem König die erlösende Frage. Unverzüglich taut das Eis, und die Erde wird wieder weich.

Religiöse Menschen waren allzu oft der Meinung, alle Antworten parat zu haben. Sie sahen ihre Sendung darin, andere zu überzeugen, sie mit Nachdruck zu ihrem Glauben zu bekehren, Unterschiede einzuebnen und womöglich sogar Menschen ihre Überzeugung aufzuzwingen. Viele religiöse Menschen haben tatsächlich Züge von FJODOR DOSTOJEWSKIS Großinquisitor an sich. Aber wenn eine Religion damit anfängt, Menschen zu gängeln oder zu nötigen, dann ist sie geistlos geworden und keine lebendige Spiritualität mehr. Das wichtigste Geschenk des Geistes Gottes, der die Natur des Menschen inspiriert und positiv bewegt, sind Freiheit und Offenheit, oder, biblisch gesprochen, Wandel, Erneuerung und Wahrheit.

Die Aufgabe des heutigen Christen besteht darin, in sich selbst und seinen Zeitgenossen wieder das Gespür dafür zu wecken, dass in unserem Inneren Gottes Geist lebendig ist. Er soll nicht Lehrer in dem Sinn sein, dass er Antworten liefert, die er in einem Buch nachgeschlagen hat. Ein echter Lehrmeister kann er sein, wenn er den Geist in sich selbst entdeckt hat und andere dazu inspirieren kann, ebenfalls die Verantwortung für sich selbst zu übernehmen, sich der Herausforderung ihrer eigenen angeborenen Sehnsucht nach dem Absoluten zu stellen und auch in sich den Geist zu entdecken.

Um auf diese Weise inspirierend wirken zu können, braucht man, wie gesagt, Mut; allerdings genügt Mut allein nicht. Mose rief Gott mutlos die Frage zu: «Was aber, wenn sie mir nicht glauben und nicht auf mich hören, sondern sagen: Jahwe ist dir nicht erschienen?» (Exodus 4,1). Es genügt auch nicht, wortgewandt zu sein, obwohl man die Gabe der Rede bekommen wird. Ebenso kann der Mensch aus eigener Kraft allein die erlösende Frage nicht stellen. Er muss zum Werkzeug des Wortes Gottes werden. Ist er bereit dazu, so spürt er es auch und weiß, dass es der Geist Gottes ist, der ihn führt. Das zu wissen, bedeutet, seinen eigenen göttlichen Geist kennengelernt zu haben: Man hat dann in seinen eigenen Wesensgrund geschaut und weiß, dass dieser Geist der Geist Gottes ist.

Zwar sagt Paulus, dies zu erkennen übersteige alle Erkenntnis. Dennoch gibt es diese deutliche Erfahrung, im Geist neu geboren zu werden. Es ist die christliche Urerfahrung; sie war der zündende Funke der frühen Kirche, sie hat sich in der Predigt des Paulus und der Heiligen durch alle Zeiten hindurch ausgewirkt. Diese Erfahrung setzt in der schweigenden Begegnung in unserem eigenen Inneren an. Um sie zu erlangen, muss nur eine einzige Bedingung erfüllt werden. Sie lautet: Wir müssen sie höher stellen als alles andere: als Besitz, Festhaltenwollen, Begehren und Ehre, Körper und Geist. Auf all das müssen wir verzichten, um jenen Zustand vollkommener Einfachheit zu erlangen, in dem wir nicht weniger als alles wollen. Dann können uns die Augen für die lebendige Gegenwart Jesu Christi in unserem Inneren aufgehen, seines Geistes der Liebe, der uns in die Gemeinschaft mit dem Vater führt. «Wer den Geist Christi nicht hat, der gehört nicht zu ihm» (Römer 8,9), sagt der heilige Paulus. Die erlösende Frage, mit der der Christ seine Zeitgenossen befreien kann, steigt aus den Tiefen seiner Erfahrung des Geistes auf und inspiriert die noch Geistlosen, dieselben Tiefen auch in sich selbst zu entdecken. Doch nur über das, was wir selbst gesehen haben, können wir auch wirklich reden. Im Johannesevangelium heißt es, nur der Geist könne neuen Geist gebären (vgl. Johannes 3,6).

Noch selten in der Geschichte waren Menschen so introvertiert und haben sich ständig so intensiv selbst analysiert, wie wir das heute tun. Aber dennoch bleibt alle dauernde Selbstüberprüfung der heutigen Menschen eigenartig fruchtlos. Der Grund dafür ist, wie bereits gesagt, dass diese Selbstergründung so durch und durch nichtspiritueller Natur ist, das heißt: Sie geschieht nicht im Licht des Heiligen Geistes und verkennt die beschriebene wirkliche und grundlegende Dimension der Natur des Menschen. Ohne den Gottesgeist gibt es keine Fruchtbarkeit und keine Kreativität und ist somit auch kein Wachstum möglich. Der gotterfahrene Christ kann nicht anders, als darauf mit Nachdruck hinzuweisen, und er tut dies mit der Überzeugungskraft dessen, der wirklich selber weiß, was der Geist Gottes ist. Das kann er aber nur, wenn er seinen eigenen Geist kennt sowie selbst jene unendliche Ausweitung des menschlichen Geistes erfahren hat, die geschieht, wenn sich sein Geist für die Anwesenheit des Geistes Gottes öffnet, dem er sein eigenes Dasein verdankt.

Ein solcher Christ verfügt über echte Kraft. Es ist die Kraft des auferstandenen Christus. Diese Kraft besteht in der Freisetzung des Geistes dank des Todes und der Auferstehung, worin auch wir einbezogen werden, wenn wir bereit sind, mit Christus zu sterben und aufzuerstehen. Was an uns stirbt, wenn wir uns beharrlich dem Geist Christi öffnen, ist unser enges beschränktes Selbst samt all den kleinlichen Sorgen und Süchten, die aus dem Abgrund unseres Daseins quellen. Was stirbt, ist die Angst, die wir empfinden, wenn wir Licht aus diesem Abgrund schimmern sehen. Was stirbt, ist alles, was uns daran hindert, das Leben wahrzunehmen, das Leben in seiner ganzen Fülle. Diese Entdeckung unseres eigenen Geistes, unseres wahren Selbst, ist eine Erfahrung voll unbeschreiblicher Freude, der Freude unserer Befreiung zu unserem wahren Wesen hin.

Doch damit das möglich wird, müssen wir unser irdisch bedingtes Selbst verlieren und mit ihm unsere eingefleischten Illusionen. Dazu bedarf es der Fähigkeiten, die in den Schriften des heiligen Paulus eine so große Rolle spielen: der Kühnheit, des Mutes, der Hingabe und der Ausdauer. Diese Fähigkeiten in ihrer eher alltäglichen als heroischen Form helfen uns, tagtäglich auf unserem Pilgerweg voranzuschreiten, unserer zweimal täglichen Meditation treu zu bleiben und uns auf die «großartige Armut» einzulassen, in die uns unser Mantra führt. Wir erwerben diese Fähigkeiten nicht durch eigene Anstrengung, sondern sie werden uns aus Liebe geschenkt. Es sind Gaben des Heiligen Geistes, der uns damit zu sich und damit in eine tiefere Liebe hinein ziehen will. Es gibt keinen anderen Weg zur Wahrheit oder zum Geist Gottes als den Weg der Liebe. Gott ist Liebe.

Wenn der Mensch seinen eigenen Wesensgrund entdeckt, wird er zu seiner schöpferischen Mitte geführt, aus der sein Wesen immer neu quillt und von der überfließenden Liebe des Lebens Gottes unablässig erneuert wird. Voll und ganz findet der Mensch zu seinem eigenen Geist und Wesensgrund nur im Licht des Geistes Gottes – genau so, wie der Mensch sich auf andere Menschen einlassen muss, um sich von ihrer Liebe getragen zu fühlen, sich dank ihrer zu entfalten und sich selbst tiefer kennenzulernen. Will man sich selbst richtig sehen können, muss man auf einen anderen schauen; denn der Weg der Selbstwerdung geht immer über den anderen, im Spiegel des Ebenbildes.

Es genügt freilich nicht, sich diese Wegbeschreibung nur als begriffliche Skizze anzueignen. Gewiss kann unser Denken unter Führung des Heiligen Geistes den Prozess unserer Neugeburt im Geist anstoßen. Unser Nachdenken kann Anregung sein, unseren eigenen Geist und Wesensgrund zu entdecken und zum Zuge kommen zu lassen; aber solange dies nur ein rein begriffliches Denken bleibt, hat es noch keine Erfahrung unseres wahren Selbst gegeben. Keine intellektuelle Selbstanalyse kann die echte Selbsterkenntnis ersetzen, die auf dem Grund unseres Wesens geschieht.

Den Sinn des Meditierens und Betens beschreiben viele Traditionen mit einer Vielzahl von Worten und Begriffen. Ich sage dazu nur kurz: Wir schweigen in der Meditation und achten auf den großen Anderen, um geduldig wartend unseren eigenen Geist zu finden.

Was wir dabei schließlich entdecken, ist von ungeheurem Reichtum. Wir wissen dann, dass wir an der Natur Gottes teilhaben und berufen sind, immer tiefer in die Freude einzutauchen, Zeugen seiner Selbstmitteilung sein zu dürfen. Diese Erfahrung ist im Leben des Christen alles andere als eine Nebensache, im Gegenteil: Soll unser Leben wirklich christlich und soll es lebendig sein, muss sie die Mitte von allem sein, was wir tun und worum es uns geht. Der heilige AUGUSTINUS schrieb: »Unsere einzige Aufgabe in diesem Leben besteht darin, das Auge unseres Herzens wieder zu heilen, mit dem wir Gott sehen können.«[16] Dieses Auge ist unser Geist.

Wollen wir unsere eigene Berufung erkennen und das Reich Gottes unter unseren Zeitgenossen aussäen, so besteht unsere Aufgabe zuerst einmal darin, unserem eigenen Geist und Wesensgrund zu begegnen; denn er stellt sozusagen die Nabelschnur dar, über die wir mit dem Geist und Leben Gottes verbunden sind. Haben wir sie gefunden, so werden wir gewahr, dass wir am Leben Gottes teilhaben. Dann spüren wir, wie die innere ruhende Mitte Gottes in uns ihre Dynamik entfaltet und uns mit Harmonie, Licht, Freude und Liebe erfüllt.

Das also ist unsere Bestimmung: Wir sind zur Transzendenz berufen, zum vollkommenen Hinausschreiten über

---

16 *Serm. (de Script., N. T) 88 v 5.*

uns selbst, zu einem Zustand immer größerer Freiheit und unablässigen Neuwerdens. Beim Meditieren fangen wir an, uns auf diesen Zustand einzulassen, indem wir auf Worte, Bilder, Gedanken und sogar Selbstbewusstheit verzichten, also auf alles, was seiner Natur nach kontingent, vergänglich, vorläufig ist. Für die Meditation müssen wir den Mut aufbringen, nur noch auf das Absolute ausgerichtet zu sein, auf das Abgründige, auf die Mitte. Wir müssen still werden, um unseren eigenen Geist zu finden, müssen zulassen, dass unser Wesensgeist allmählich aus der Finsternis auftaucht, in den wir ihn verbannt hatten. Nur wenn wir still werden, können wir über uns selbst zu unserer eigentlichen Berufung hin hinauswachsen. So ist die Stille unser Pilgerweg, und zum Voranschreiten auf ihm hilft uns das Mantra.

Der Sohn

Wenn also jemand in Christus ist, dann ist er eine neue Schöpfung.

2 Korinther 5,17

»Es ist besser, zu schweigen und wirklich zu sein, als zu reden und unwirklich zu sein«, schrieb im 1. Jahrhundert der heilige Ignatius von Antiochien.[17] In unserer heutigen Zeit müssen wir das sicher ganz besonders beherzigen. Die unerlässlichen Merkmale des christlichen Zeugnisses: Autorität, Überzeugungskraft und Glaubwürdigkeit dank persönlicher Erfahrung lassen sich nicht in Büchern und Diskussionen oder auf Kassetten finden, sondern am ehesten in der Begegnung mit uns selbst im Schweigen und Hören unseres eigenen Geistes.

Wenn Menschen die Erfahrung des inneren Geistes verloren haben, die Erfahrung einer Wirklichkeit, auf der ihr eigenes und auf nichts anderes mehr zurückführbares, absolutes Dasein beruht, dann deshalb, weil ihnen die Erfahrung des Schweigens und die Fähigkeit zu schweigen, in die Stille zu gehen, fehlt. Es gibt nur we-

17 *Brief an die Epheser,* Kap. 15.

nige Aussagen über die Wirklichkeit des Spirituellen, die für sich universale Gültigkeit beanspruchen können. Aber diese eine Aussage ist in nahezu allen Traditionen gleichlautend formuliert worden: dass der Mensch seinen inneren Geist und Wesensgrund nur kennenlernen kann, wenn er ins Schweigen geht; und nur wenn er sich in eine unauslotbare Tiefe des Schweigens hinein loslässt, kann sich ihm die *Quelle* seines Geistgrundes erschließen, in der *alles* Getrenntsein vergeht.

Der heutige Mensch fühlt sich vom Schweigen nicht selten zutiefst bedroht. T. S. ELIOT hat das als »den wachsenden Schrecken davor, dass es nichts mehr gibt, worüber man nachdenken kann«, bezeichnet.[18] Dieser Angst muss sich jeder Mensch stellen, wenn er zu meditieren beginnt.

Zunächst müssen wir mit einiger Beschämung das chaotische Getöse eines nur nach außen gerichteten Geistes aushalten, der im Übermaß Belanglosigkeiten und Zerstreuungen ausgesetzt war. Wenn man dieses Erlebnis mit Hilfe der Treue zu einem Mantra durchhält, dringt man in eine dunklere Bewusstseinsschicht vor, in der die unterdrückten Befürchtungen und Ängste angesiedelt sind. Die radikale Einfachheit des Mantra klärt auch diese Schicht. Doch wir neigen stets unwillkürlich dazu, uns vor dem Aufdämmern unserer Selbsterkenntnis zurückzuziehen. WALTER HILTON (14. Jh.) hat recht anschaulich darüber gesagt: »Das ist auch gar nicht verwunderlich; denn wenn jemand heimkäme und würde nur ein rauchendes Feuer und ein nörgeln-

18 East Coker III«, *The Four Quartets.*

des Weib vorfinden, dann würde er wohl schnell wieder fortlaufen.«[19]

Wenn wir auf diese beiden ersten Stufen gelangen, auf die der oberflächlichen Zerstreuungen und der unterbewussten Ängste, kann es sein, dass wir einiges auszuhalten haben. Noch ärger geht es zu, wenn wir die nächste Stufe betreten, auf der wir in unser tiefes Schweigen kommen: Da riskieren wir alles, setzen unser Sein selbst aufs Spiel: »So sagte ich: ›Sei still, meine Seele‹« (Psalm 62,2).

Die Stille von Verstand und Körper, in die uns das Mantra geleitet, ist eine Vorbereitung auf den Eintritt in diese Stille im Seelengrund und auf unser Fortschreiten durch die Sphären des Schweigens. Gehen wir beharrlich diesen Weg, so erkennen wir schließlich voller Staunen das Licht unserer ureigenen Geistseele und wissen, dass dieses Licht von etwas kommt, das unserer Fassenskraft jenseitig anmutet und doch ihr Ursprung ist.

Diesen Pilgerweg durch die Sphären des Schweigens unternehmen wir im Glauben. Wir setzen dabei unser Vertrauen ganz auf das, was sich manchmal nur schwach als das wahrhaft Eigentliche und Wirkliche wahrnehmen lässt, tun es aber doch voll Zuversicht, weil es tatsächlich die tiefste Wirklichkeit ist.

Wenn wir unablässig das Mantra sprechen, geben wir unser Leben in die Hände dessen, den wir noch nicht gesehen haben (vgl. 1 Petrus 1,8). Selig, die glauben und aus ihrem Glauben heraus handeln, obwohl sie noch nicht gesehen haben! Indem wir das Mantra sprechen,

---

19 In: *The Scale of Perfection.*

werden wir in ein Schweigen versenkt, das die Armut unseres kleinen Ich auslotet und uns unser absolutes Angewiesensein aufeinander offenbart. Wir werden von Tiefe zu Tiefe in eine läuternde Vereinfachung hineingeführt, bis wir an den Grund unseres Daseins rühren. Dort finden wir das Leben wieder, das wir aufgegeben und dem Ganz-Anderen anheimgegeben hatten.

Der heilige Paulus sagte, er trage das Sterben Christi in sich. Das traf bei ihm ganz und gar zu, und deshalb war sein Zeugnis vom Strahlen des auferstandenen Lebens erfüllt (vgl. 2 Korinther 4,10). Genau an diesem Sterben Jesu haben wir alle teil. Im Lukasevangelium wird deutlich gesagt, dass Jesus die Menschen dazu berufen habe, sich selbst zu verleugnen und täglich ihr Kreuz auf sich zu nehmen (vgl. Lukas 9,23). Dieser Berufung entsprechen wir, wenn wir jeden Tag meditieren. Wollten wir die Radikalität der christlichen Berufung und den extremen Anspruch, den sie in sich birgt, verharmlosen, so würden wir uns selbst und andere auf einen falschen Weg bringen. Wenn wir jedoch vom Heiligen Geist dazu angeregt worden sind, uns auf diesen Pilgerweg zu begeben wozu grundsätzlich jeder Christ auserwählt und eingeladen ist , dann bedarf es auch eines reifen Verstehens dessen, was auf dem Spiel steht. Wenn wir in unser inneres Schweigen eintreten und uns ganz auf dieses tiefe Schweigen einlassen, betreten wir eine Leere, in der wir zunichte werden: Wir können nicht mehr der Mensch bleiben, der wir waren oder zu sein meinten. In Wirklichkeit werden wir nicht zunichte, sondern unser Gespür für die ewig frische Quelle unseres Daseins erwacht. Wir werden dessen gewahr, dass wir im Begriff sind, gerade neu geschaffen zu werden, der Hand unseres Schöpfers zu entspringen und in Liebe zu ihm zurückzukehren.

Das Schweigen bereitet uns auf dieses Erwachen vor. Wir begegnen darin der Fülle und dem Glanz der Herrlichkeit Jesu in jenem voll erwachten Zustand, in den er dank seiner Auferweckung versetzt worden ist. Niemand kann ja zum Vater kommen, es sei denn durch den Sohn, durch den die gesamte Schöpfung ins Dasein tritt. Aber selbst wenn wir mit unserem Verstand wissen, dass dies der Zweck des Schweigens ist, erfahren wir in der Praxis zunächst einmal nur die Leere. In der Anfangszeit lernen wir nur den Abbau, noch nicht den Aufbau kennen: Alle vertrauten Bindungen lösen sich auf, die Umwälzung geht schließlich so weit, dass in einer völligen Armut unseres irdischen Geistes und in einer alles Vorläufige verzehrenden Einfachheit nur noch unser nacktes Dasein übrigbleibt.

Der Christ trägt dieses Sterben in sich, während er weiterhin seinen Alltagspflichten nachgeht. Er dramatisiert dabei nichts und ist nicht völlig darauf fixiert. Vielmehr ist es eher so, dass sein ganzes Wesen immer tiefer vom freudigen Bewusstsein durchdrungen wird, dass, je weiter er in diese Leere hinein stirbt, umso stärker auch in ihm das transzendente Leben des vollkommen freien Menschen Jesus erwacht. »Darum werden wir nicht müde; wenn auch unser äußerer Mensch aufgerieben wird, der innere wird Tag für Tag erneuert« (2 Korinther 4,16).

Dieses innere Neuwerden im normalen Rahmen unseres Alltagslebens, von dem Paulus hier spricht, ist der Zweck und die Frucht unserer täglich zweimaligen Meditation. Dadurch, dass wir in immer tiefere Schichten unseres eigenen Wesens vorstoßen, werden wir buchstäblich erneuert. Wir erfahren dabei immer deutlicher, wie sich alle unsere Eigenschaften und Energien in dieser innersten Mitte unseres Wesens, dieser Quelle allen Daseins und dem Mittelpunkt der Liebe des dreifaltigen Gottes, zur Harmonie ordnen. »Wenn also jemand in Christus ist«, schrieb Paulus an die Korinther, »dann ist er eine neue Schöpfung« (2 Korinther 5,17).

In dem Maß, wie der Christ immer tiefer in den Kreislauf von Sterben und Auferstehen eintaucht, geht ihm zunehmend deutlicher auf, dass dies die universale Wahrheit, das Urmodell allen Seins ist. Er ahnt allmählich, worum es geht beim Geheimnis der Menschwerdung. Um von diesem universalen Prozess ganz erfasst werden zu können, gilt es zu begreifen, dass er sich auf jeder Ebene jeder Art von Leben abspielt; wir finden ihn in all den vielen Bereichen wieder, in denen wir nach dem Sinn unseres eigenen Lebens fragen oder ihn erahnen. Folglich erfahren wir ihn auch im Lauf jeder unserer halbstündigen Meditationen: Wir sterben dem Umstand, dass unser Ich von tausend Belanglosigkeiten in Beschlag genommen ist und erwachen für die Freiheit und den Sinn, der uns aufgeht, wenn wir uns schweigend dem Ganz-Anderen hinhalten. Ja, wir sterben und auferstehen tagtäglich zu einem neuen Leben, und so wird an uns die Entwicklung wahr, die Gott für jedes seiner Geschöpfe vorgesehen hat.

Doch stimmt es zugleich auch, dass es nur *einen* entscheidenden Tod und *eine* maßgebliche Auferstehung gibt: den Tod und die Auferstehung, die Jesus für die gesamte Schöpfung auf sich genommen hat: Das Wort Gottes tritt aus dem Schweigen heraus und kehrt auch wieder ins unergründliche Schweigen und in die grenzenlose Liebe des Vaters zurück. Das ist der Kreislauf von Heraustreten und Zurückkehren, auf dem jeder Lebenszyklus in der Schöpfung beruht, der Kreislauf, in dem die Schöpfung in jedem Augenblick existiert. Hätte sie ein ganz reines Herz, so könnte sie ihn erkennen.

Christus, das Wort, kehrt nicht zurück, ohne seine Sendung erfüllt zu haben. Es kommt, um sich dem Menschen in den Tiefen seines eigenen Wesens zu offenbaren, die zugleich die Tiefen Gottes sind. So erfüllt es die Absicht des Vaters, aus dessen Schweigen es selbst und in ihm die ganze Schöpfung hervorgeht. Darin besteht der Zweck unseres Daseins. Wir haben schon unzählige Male die diesbezüglichen Worte des heiligen Paulus an die Epheser gelesen und können sie doch nie erschöpfend ausloten: »Denn in ihm hat er uns erwählt vor der Erschaffung der Welt, damit wir heilig und untadelig leben vor Gott; er hat uns aus Liebe im Voraus dazu bestimmt, seine Söhne zu werden durch Jesus Christus und nach seinem gnädigen Willen zu ihm zu gelangen, zum Lob seiner herrlichen Gnade. Er hat sie uns geschenkt in seinem geliebten Sohn« (Epheser 1,4–6).

Es ist eine verblüffende Perspektive, dass der Sinn unseres Daseins mit dem Sinn Gottes selbst zusammenhängen soll. Um sie als wunderbare Wirklichkeit erfassen zu können, braucht es noch einmal Mut, den uns nur die äußerste Einfachheit und innerste Ein-Sicht zu schenken vermögen. Kein Egoismus und kein noch so hochfliegendes Denken führen zu diesem Ziel: »Wenn ihr nicht umkehrt und wie die Kinder werdet, könnt ihr nicht in das Himmelreich kommen« (Matthäus 18,3). Der kontemplativ Meditierende weiß, dass diese Perspektive stimmt, weil er Gemeinschaft hat mit dem Wort, dem Sohn. Alle Dinge und alle Menschen kehren durch den Sohn zum Vater zurück. Von diesem Sohn sagt uns der Evangelist Johannes: »Alles ist durch das Wort geworden, und ohne das Wort wurde nichts, was geworden ist« (Johannes 1,3). Genau wie Christus also der ursprüngliche und ebenbildliche Selbstausdruck des Vaters ist, ist er auch der Angelpunkt, an dem das gesamte Universum und alle Wesen darin zum Vater als ihrer Quelle hin zurückschwingen. Infolge unseres Einverleibtseins in den kosmischen Leib Christi und damit in sein Zurückschwingen zum Vater sind auch wir als von ihm Gerufene dazu bestimmt, von Gott als Söhne und Töchter aufgenommen zu werden.

Das Ziel des Meditierens besteht also seinem tiefsten Wesen nach darin, unser völliges Einverleibtsein in Jesus Christus und damit in sein Hervorgehen aus dem Vater und sein Zurückkehren zu ihm als wahr zu nehmen. Für diese unsere alles entscheidende Begegnung mit dem Grund unseres Wesens brauchen wir als wichtigste Eigenschaften Achtsamkeit und Empfänglichkeit. Um unser völliges Einverleibtsein in das Wort wahrhaben zu können, müssen wir nicht nur auf das Schweigen hören, das Schweigen in unserem Inneren, sondern auch zulassen, dass sich Christi Lebensprozess an uns vollendet und uns in die Tiefen seines Schweigens führt. Darin, im Schweigen des Wortes, erhalten wir an seiner Erfahrung Anteil, sich selbst als vom Vater ausgesprochen zu erleben.

Daher ist das Leben Jesu für uns so wichtig und sind die Berichte über sein Leben in der Heiligen Schrift so wertvoll. Die Erfahrung Jesu von Nazaret, zu sich selbst zu erwachen, in die Tiefenschichten seines eigenen inneren Schweigens einzutauchen, seinen eigenen Geist und zugleich auch die Quelle dieses Geistes zu finden, ist die Erfahrung jedes aus dem Geist wiedergeborenen Menschen. Und es ist nach der unvorstellbaren Absicht des Vaters genau die gleiche Erfahrung. Das Wunder der Schöpfung findet sich nicht in einer Abfolge immer neuer Erfahrungen des Erwachens, sondern im einmaligen, alles umfassenden Erwachen Jesu, des Sohnes, auf den Vater hin.

Unsere Sprache ist viel zu unzulänglich und unser Denken geht allzu sehr von uns selbst aus, als dass sie die Einfachheit und Aktualität dieses Prozesses von Sterben und Auferstehen angemessen und erschöpfend wiederzugeben vermöchten. Aber was notwendig ist, sind gar nicht Sprache und Denken. Notwendig ist nur, dass wir dieses In-uns-Wohnenden und auf unser Entdecken wartenden Geheimnisses gewahr werden, des Schweigens, in dem wir unseren Wesensgrund wahrnehmen. Unser Weg in dieses Schweigen hinein führt durch das eine kleine Wort eines Mantra.

Der Geist

Wisst ihr nicht, dass euer Leib ein Tempel des Heiligen Geistes ist, der in euch wohnt und den ihr von Gott habt?

1 Korinther 6,19

Das Evangelium Jesu unterscheidet sich darin von jedem anderen Heilsprogramm, dass es ganz personenbezogen ist. Jesus ist Person, kein Symbol oder Archetyp, und der Weg zum Heil besteht in der persönlichen Begegnung mit Christus, indem wir seine allerlösende Liebe an uns erfahren.

Weil das so ist, wissen Christen um ihre Berufung, ganz Person zu werden, das heißt, ganz sie selbst, so dass ihre Begegnung mit Jesus in der Fülle der Person und in aller Reife des Menschseins geschieht. Dabei hat das Hineinwachsen in die Fülle des Personseins nichts eng Individualistisches an sich. Der Mensch ist so angelegt, dass die ganzheitliche Menschwerdung seine Erfüllung im je einzelnen Menschen findet, der einzelne jedoch nur zu sich selbst kommt, indem er in das Gesamt aller Menschen einbezogen ist. Zum Geheimnis jedes Personseins gehört diese zentrale Wahrheit, dass der ganz verwirklichte Einzelne am Leben des Ganzen teilnimmt.

Von dieser Wahrheit leitet sich das Maß der Strahlkraft der Kirche als Gemeinschaft ab: Sie ist umso stärker, je mehr ihre Mitglieder reife Persönlichkeiten geworden sind und tatsächlich persönlich erfahren haben, aus Gott geboren und geliebt zu sein. Diese Erlösung erfahren sie in dem Maß, in dem sie die erlösende Liebe Jesu in sich wahrnehmen. Wir alle sind berufen, schon im Hier und jetzt diese Erfahrung zu machen, und unsere wichtigste Aufgabe besteht darin, uns auf sie entsprechend vorzubereiten.

Unter den heutigen Umständen bedeutet dies vor allem, bewusst daran mitzuarbeiten, dass sich die Kirche von innen her erneuert und auch für unsere Zeitgenossen wieder von Belang wird, indem sie ihre Aufmerksamkeit mehr auf die innere Dimension des Gebets richtet als auf die äußere des Politischen. Statt über unseren Glauben nur nachzudenken, gilt es, ihn vor allem mit dem Herzen zu erfassen und uns zu Kommunitäten, zu Gemeinschaften zusammenzufinden, statt immer neue Kommissionen einzurichten und mehr zu schweigen als zu predigen.

Grundsätzlich hatte zu allen Zeiten das Gebet, das persönliche Authentisch-Werden als Mensch und Christ, Vorrang vor allem anderen. »Um dieses Zweckes willen werden die heiligen Mysterien gefeiert, deswegen wird das Wort Gottes verkündet, deswegen gibt es die moralischen Ermahnungen der Kirche«, schrieb der heilige Augustinus.[20] Und eben darum, so haben wir bereits gesehen, sollen wir »das Auge unseres Herzens wieder hellen, mit dem wir Gott sehen können«.

---

20 *Serm. (de Script. N. T.)* 88,V,5; vi, 6.

Jede persönliche Liebesbeziehung beruht auf dem Hin- und Herschwingen zwischen Liebendem und Geliebtem, obwohl sie ihre Vollendung in der Kommunikation eines ganz einfachen Einsseins findet. Wäre das christliche Glaubensgeheimnis nur eine Folge unserer Sehnsucht nach einer echten Beziehung zu Gott, so wäre es nicht sehr viel mehr als eine Art Heimweh nach dem Numinosen. Aber in Wirklichkeit lebt unser Glaube davon, dass Gott die Initiative ergriffen hat. Der Evangelist Johannes hat geschrieben: »Nicht darin besteht die Liebe, dass wir Gott geliebt haben, sondern dass *er uns* geliebt und seinen Sohn gesandt hat« (1 Johannes 4,10). Solange wir unseren Glauben nur als eine Hinbewegung des Menschen zu Gott verstehen, wird er ichbezogen und erdverhaftet bleiben. Erfassen wir ihn dagegen als Zuwendung Gottes zum Menschen und als die liebende Antwort des Menschen, so entdecken wir, dass uns diese Bewegung erfasst und in die Tiefe führt, wo wir uns selbst transzendieren und durch den Sohn zum Vater zurückkehren. Ein anderer Name für diese Bewegung lautet: Liebe.

Der erste Schritt zum vollen Person- und Menschsein besteht folglich darin, es zuzulassen, geliebt zu sein. Damit wir dies besser zu Wege bringen, hat Gott seinen Heiligen Geist ins Herz des Menschen gesandt, um es anzurühren und aufzuwecken und den Geist des Menschen in sein erlösendes Licht zu ziehen. Die Sendung des Heiligen Geistes am ersten Pfingsttag war ein Auferstehungsgeschehen: Die Menschen erwachten zu ihrem in Gott verwurzelten Selbst. Es geschieht auch heute genauso neu wie an jenem »Abend des ersten Tages der Woche«, von dem der Evangelist Johannes berichtet, an dem die Jünger aus Furcht vor den Juden die Türen verschlossen hatten und Jesus hereinkam, in ihre Mitte trat und zu ihnen sagte: »Empfangt den Heiligen Geist!« (vgl. Johannes 20,19–22).

Die natürliche Schwerfälligkeit und das Sich-Entziehen des Menschen, sein Zögern, sich wirklich lieben zu lassen, sind für den Heiligen Geist keine Hindernisse. Gott hat seinen Heiligen Geist in das Herz des Menschen gesenkt, und der hält darin das Geheimnis Gottes lebendig, solange Gott den Menschen im Dasein erhält. Selbst noch im Herzen eines durch und durch verdorbenen Menschen – falls es einen solchen überhaupt gibt – würde der Heilige Geist immer noch unablässig rufen: »Abba, Vater!« (vgl. Galater 4,6).

Bei seiner Auferstehung und Rückkehr zum Vater überschritt Jesus als Mensch und unser Bruder alle Schranken unseres Menschseins. Er überwand unsere von Angst und Unwissenheit verursachte Begrenztheit und auch unser Eingeschlossensein in Zeit und Raum. Er auferstand in ein universales Gegenwärtigsein im Herzen aller Dinge und Menschen. Seither ist er in der innersten Mitte des Menschen gegenwärtig. Wir bezeichnen diese Mitte als unser Herz. Ihm ist er als lebendiges persönliches Du präsent. Diese seine Gegenwart im Menschen ist von anderer Qualität als sein Gegenwärtigsein in der unbeseelten, nicht mit Bewusstsein begabten Materie. In uns lebt er als bewusstes Wesen, das unser Bewusstsein zu erweitern vermag und uns auf der Ebene des Personseins erkennen und antworten kann. Die Gegenwart Jesu in uns, sein Heiliger Geist, ruft uns auf, uns dieser Tiefenschicht unseres Wesens voll und ganz bewusst zu werden. Wir erwachen in einem einzigen Augenblick zu uns selbst, zu dem in uns wohnenden

Geist, und somit zum Bewusstsein unserer Kommunion in Gott selbst, an der teilzuhaben wir berufen sind. Darum erwachen wir nicht zu einem platonischen Alleinsein, sondern zur vollkommenen Kommunion allen Seins im umfassenden SEIN selbst.

Ganz am Anfang nehmen wir nur leise die Regungen des Heiligen Geistes in unserem Herzen wahr, die Gegenwart des Großen-Anderen, durch die wir uns selbst erkennen. Wenn wir dann immer feiner auf unser Herz hören, erwachen wir zur Fülle seiner Gegenwart. Sie wird uns zum lebendigen Beweis für unseren Glauben und bestätigt jene erste leise Ahnung, jenen ersten Hoffnungsschimmer.

Der heilige Paulus hat an die Römer darüber geschrieben: »Das ist der Grund unserer Hoffnung. Die Hoffnung aber lässt nicht zugrunde gehen; denn die Liebe Gottes ist ausgegossen in unsere Herzen durch den Heiligen Geist, der uns gegeben ist« (Römer 5,4–5). Die Worte des Paulus sind deshalb so ermutigend, weil sein ganz persönliches Erwachen für die Wirklichkeit des Heiligen Geistes in seinem Inneren darin so zündend zum Ausdruck kommt und eine Dimension der Freude freisetzt, die bislang unterdrückt war und sich jetzt voll entfalten kann. Genau diese Freude hat Jesus gemeint, sie teilt er uns durch seinen Heiligen Geist mit. Zu dieser Zünd- und Ansteckungskraft führt das kontemplative Gebet.

Wir sind gewohnt, uns unter dem Beten vorwiegend unsere Hinwendung zu Gott vorzustellen, also als ein Tun, für das *wir* verantwortlich sind, oder als eine Pflicht, die *wir* erfüllen, um Gott zu gefallen oder ihn zu besänftigen. Das kann etwas recht Sympathisches an sich haben, eine Art kindlicher Aufrichtigkeit; aber das echte Gebet entzieht sich jedem Gefühl. Wir sind zu einer spirituellen Reife berufen, bei der wir nach den Worten des 1. Petrusbriefes »wie Gott das Leben haben im Geist« (4,6). Wenn wir diese Aussage sowie den heiligen Paulus und das Neue Testament als Ganzes ernst nehmen, müssen wir sagen, dass das Gebet etwas viel Größeres ist als unser Sprechen mit Gott oder unsere frommen Gedanken über ihn. Paulus sagt, wir wüssten ja überhaupt nicht, wie wir beten sollten, und folglich können wir das Beten auch nicht von uns aus definieren. Aber weiter sagt er dann: »So nimmt sich der Geist unserer Schwachheit an. Der Geist selber tritt für uns ein mit Seufzen, das wir nicht in Worte fassen können« (Römer 8,26).

Das Gebet ist also in Wahrheit die Lebensäußerung des Geistes Jesu in unserem menschlichen Herzen: des Geistes, von dem wir gesalbt und dadurch in den kosmischen Leib Christi eingefügt sind und als voll Erweckte zum Vater heimkehren. Wir beten in dieser Weise, wenn wir für die Anwesenheit des Gottesgeistes in unserem Herzen erwachen. Daher kann es letztlich keine »Formen» oder »Methoden« des Betens geben. Das Gebet gebiert sich aus sich selbst: Es ist der Liebesstrom zwischen dem Geist des auferstandenen Jesus Christus und seinem Vater, und wir Menschen sind in diesen Liebesstrom einbezogen. Da dies wahrhaftig so ist, findet dieses Beten auch nicht nur hin und wieder oder zu besonderen Zeiten statt, denn der Geist in unserem Herzen ist immer lebendig, gegenwärtig und wirkt. Allerdings gibt es Zeiten, in denen wir unser Bewusstsein aufmerksamer dieser immer gegenwärtigen Wirklichkeit zuwenden. Dazu gehört unsere täglich zweimalige Meditation. Dabei stellt sich ein bestimmter Grad des dafür Erwachtseins ein, auf den Paulus eindeutig die Thessalonicher hinweisen wollte, als er sie aufforderte, »ohne Unterlass zu beten« (vgl. 1 Thessalonicher 5,27). Dieses besondere Erwachtsein zeigt sich darin, dass uns das Bewusstsein dieser Wirklichkeit auch während der verschiedensten Tätigkeiten und Sorgen unseres Alltags ohne Unterlass begleitet.

Genau wie die Eucharistie eine Gedächtnisfeier und zugleich die Gegenwärtigsetzung der Liebeshingabe Jesu ist, so überbrückt auch das Mantra Bewusstseinsgrade und Zeitdimensionen. In gewisser Hinsicht ist das Mantra unsere Antwort, unser Echo auf den Liebesruf des Geistes, auf das gesamte Leben und Dasein des zum Vater heimkehrenden Jesus, eine Antwort nicht nur mit irgendeiner Schicht unseres begrifflichen Denkens, sondern eine bedingungslose, allumfassende Antwort. Soweit wir uns ihrer bewusst sind, ist es eine Antwort auf der tiefsten Ebene unseres Seins, wo wir unsere völlige Armut und totale Abhängigkeit von der uns tragenden Liebe Gottes erfahren und zulassen, als Brücke zu unserem göttlichen Ursprung. In dem Maß, in dem wir während des Meditierens das Mantra in vollständiger Einfachheit sprechen und dabei in unserem Nichtsein verharren, bekommt unsere Antwort absoluten Wert und reicht bis zum Urgrund unseres Seins zurück.

Wenn sich das Mantra im Laufe der Zeit immer tiefer und durchdringender in unser Herzbewusstsein einwurzelt, ist schließlich unser ganzes Sein an unserer Antwort auf den Ruf des Gottesgeistes beteiligt. Das Mantra dient dem Ziel, alle Schichten unseres Seins mit der Quelle unseres Seins in Einklang zu bringen, mit der Quelle, die den ganzen, durch den Geist Jesu erweckten Menschen zu sich selbst zurückruft.

Unser Ziel ist die volle Verwirklichung unseres eigentlichen Seins aus und in Gott. Aus diesem Grund heißt der Weg dorthin: alle Gewohnheiten und Eigenheiten hinter uns zu lassen, damit wir den Grund unseres Seins befreit berühren können, der unser ursprüngliches Einssein, das Wesen unseres Personseins, ausmacht. So ist der Anspruch des Mantra eindeutig und absolut. Im Grunde ruft es dazu auf, die Absolutheit und Grenzenlosigkeit der Liebe Gottes, die durch den Geist des auferstandenen Jesus Christus unser Herz durchflutet, rückhaltlos als uns zugedacht anzunehmen. Die unbedingte Einfachheit des Mantra stellt in gewissem Sinne unser Sterben dar, unseren bedingungslosen Verzicht auf alles Denken und Sprechen während der Zeit unserer Meditation, um eines viel Größeren willen, der uns sucht.

Es handelt sich hier um keine esoterische Lehre oder Methode. Das Mantra hat es in der christlichen Gebetstradition von Anfang an gegeben, und die Gewissheit, dass sich das eigentliche Beten und Meditieren jenseits aller Geistestätigkeit des Menschen vollzieht, findet sich in jeder diesbezüglichen Lehraussage. Der heilige Bonaventura schrieb: »Wenn dieses Pascha vollkommen sein soll, müssen wir alle von Gedanke zu Gedanke eilende Verstandestätigkeit aufgeben und die Spitze unserer Seele Gott zuwenden, um vollkommen in ihn umgewandelt zu werden.«[21]

---

21 *Wanderweg der Seele zu Gott,* VII.

Bernard Lonergan hat zwischen dem Bewussten und dem Gewussten unterschieden. Mit dem »Bewussten« meint er die Erfahrung an sich, mit dem »Gewussten« unser Verständnis und unsere Deutung dieser Erfahrung.[22] Genau wie nun in den *Geistlicben Übungen* des Ignatius von Loyola eine klare Unterscheidung zwischen dem Gebet und dessen Auswertung verlangt wird[23], so gibt auch diese Unterscheidung Lonergans an, wie wir unsere Prioritäten setzen müssen. Gewiss enthält das christliche Glaubensgeheimnis sowohl unsere Erfahrung als auch unser Verständnis dieser Erfahrung. Jesus ist der ganze Mensch, der uns zur Ganzheit ruft; aber solange wir nicht erkennen und anerkennen, dass zwischen dem Bewussten und dem Gewussten ein Unterschied besteht, fehlt uns noch die volle Erkenntnis und Zustimmung, dass wir unserer Wesensnatur nach Geschöpfe sind, und zwar Geschöpfe *göttlichen* Ursprungs, d.h., wir bleiben an die Grenzen der Geschöpflichkeit gefesselt und haben uns selbst noch nicht endgültig überstiegen auf den hin, der uns geschaffen hat.

Diese Verstandeswahrheit muss uns zur Wahrheit des Herzens werden, die wir mit unserem gesamten Sein aufnehmen. Der Weg des Mantra bietet die Möglichkeit einer solchen Totalannahme. Es bereitet uns sozusagen als lebendige Gabe für Gott vor. Es führt uns in aller Einfachheit in die christliche Urerfahrung ein, dass in unserem Herzen in Wahrheit der Heilige Geist selbst betet. Die Früchte dieser Erfahrung sind wiederum die Früchte des Heiligen Geistes.

---

22 Vgl. B. Lonergan, *Insight*. Darton, Longman & Todd, London 1978.

23 Vgl. B. O'Leary, »Repetition and Review«, *The Way*, Supplement 27, 48–58.

Vielleicht besteht die erste Entdeckung, die wir machen und die uns all die Gaben des Heiligen Geistes erschließt, darin, dass uns zuinnerst aufgeht: Ich und du, wir sind unendlich liebenswert, wir sind geliebte Menschen. Diese Erfahrung können wir nicht von uns selbst aus herbeimeditieren oder vorwegnehmen. Wir können »nur« lernen – und das ist unendlich groß –, still zu werden, zu schweigen, uns zu öffnen und zu warten, und zwar mit dem immer wacher werdenden Empfinden, dass wir ganzheitlicher werden, uns selbst immer näher kommen. Wir können uns auch nicht selbst die Gaben des Heiligen Geistes erwerben. Sie erwachen nicht in uns, wenn wir eine gekünstelte Freude an den Tag legen, starre Dogmen statt echter Autorität pflegen oder eher Einheitlichkeit als Freiheit verlangen; denn das alles sind nur künstliche Nachahmungen der echten Eigenschaften des Christen, und sie stehen in krassem Widerspruch zum Evangelium selbst, das zu verkünden sie vorgeben.

Die authentisch christlichen Eigenschaften, die Früchte des Heiligen Geistes, werden uns mit der inneren Erfahrung des Geistes Jesu *geschenkt* und erwachsen aus ihr. Sie durchfluten unser Herz mit der persönlichen Liebe Gottes und berufen uns zur Fülle unseres eigenen Menschseins in unserer persönlichen Begegnung mit Jesus: »An ihren Früchten sollt ihr sie erkennen« (Matthäus 7,16). Ob das Leben und Erscheinungsbild der Kirche sich pfingstlich erneuert, ob sie als Hüterin und sympathische Anwältin kostbarster Werte erkannt und als verheißungsvolle Stimme für das Leben der Menschen wahrgenommen wird, hängt davon ab, ob ihre Mitglieder für jene Erfahrung in den Tiefen ihres eigenen Herzens offen sind. Jeder Christ ist zum Erwachen für diese bereits in ihm anwesende Wirklichkeit eingeladen. jeder, der diese Einladung annimmt, wird diese Erfahrung auf die seinem je einmaligen Personsein entsprechende Weise machen, in der Form, wie Gott in seiner unergründlichen Liebe für ihn die Erfüllung vorgesehen hat.

Ich möchte mit all dem bisher Gesagten nicht behaupten, Meditation sei der einzige Weg dahin, wohl aber, dass es der wirklich zielgerade Weg ist, den ich persönlich gefunden habe. Ich habe erfahren, dass es der Weg absoluter Einfachheit ist, der dazu wahrhaft befähigt, voll und ganz für den Geist Jesu wach und sich seiner bewusst zu werden. Es ist zudem die weithin überlieferte Erfahrung des Hauptstroms der christlich spirituellen Tradition, von der apostolischen Zeit bis in unsere Tage.

Der Vater

Ihr habt den Geist empfangen, der euch zu Söhnen und Töchtern macht, den Geist, in dem wir rufen: Abba, Vater!

Römer 8,15

Sollte das Evangelium Jesu je einem politischen System als Grundlage dienen, dann hätte der Mensch einen seiner ewigen Träume verwirklicht: die ständig sich selbst erneuernde Revolution menschlichen Zusammenlebens auf der Grundlage der Glaubensgewissheit vom göttlichen Ursprung des Menschen. Aber die Bedingung dafür wäre zunächst, dass das Evangelium im persönlichen Leben jedes einzelnen Menschen Wirklichkeit würde, denn das Reich Gottes auf Erden beginnt in den Herzen der Menschen: »Kehrt um und glaubt an das Evangelium!« (Markus 1,15) – »Das Reich Gottes ist schon mitten unter euch« (Lukas 17,21). Das ist das entscheidende Kriterium für jeden Idealismus: Er muss zuallererst im Leben jedes einzelnen verwirklicht sein und kann erst dann als Weg mit gesellschaftlicher, sozialer und politischer Kraft beschritten werden.

Das bedeutet, dass jeder zunächst für sich in jene Wachheit findet, das Leben und den Lebensgeist Gottes in allen Situationen und in allen Menschen als gegenwärtig zu erkennen. Er muss willens und dafür offen sein, es auch inmitten einer skeptischen und religiös abstinenten Generation, die an vielen anderen Orten nach Zeichen und Wegen der Lebensfülle sucht, wahrzunehmen und sich dann nicht zu bezeugen scheuen, dass dieses Suchen der endgültigen Offenbarung des Lebens Gottes entspricht, die Jesus den Menschen in seiner eigenen Person erschlossen hat.

Wir müssen also zuerst einmal uns selbst als Abbild Gottes in uns selbst erfahren haben, wenn wir fähig werden wollen, Gott in der Welt, in anderen Glaubenstraditionen, in unseren einsamen Städten und Vororten zu erkennen. Sind wir dazu imstande, dann wird uns auch die Freiheit geschenkt, die großherzig sich verschenkende Liebe Gottes anzunehmen, wohin immer sie sich aus den Tiefen seines eigenen Wesens ergießen will. Wir brauchen dazu den sensiblen Geist der Freiheit, von dem der heilige Paulus an die Galater geschrieben hat: »Wenn ihr euch vom Geist führen lasst, dann steht ihr nicht unter dem Gesetz« (Galater 5,18), – unter dem Gesetz der Ängstlichkeit und Unsicherheit, des allgemein Üblichen oder Unüblichen, der Unfreiheit.

Ich habe gesagt, Meditation bestätige die Erfahrung, dass spirituelles Wachstum seinem Wesen nach etwas ganz Natürliches ist. Weil Jesus Christus bereits in seiner menschlichen Gestalt und Natur hinter den Schleier des Nicht-Wissens getreten ist, der uns das Geheimnis unseres Seins verbirgt, geht es für den Christen darum, das LEBEN wahrzunehmen, das er uns in den Begegnungen mit den Menschen seiner Zeit und in seinen Worten erschlossen hat. Das heißt, es gilt, die in uns grundgelegten, göttlich großen Möglichkeiten zu aktivieren und uns um die Erleuchtung, um das Erwachen und die Erweiterung unseres Seelenbewusstseins zu bemühen. Das uns erleuchtende, göttliche Licht durchflutet immerzu die ganze Schöpfung; aber weil wir, solange wir im Erdenkleid wandeln, auch irdisch verwurzelt sind, tritt es immer nur durch einen schmalen Spalt in uns ein. »Das Tor, das zum LEBEN führt, ist eng, und der Weg dahin ist schmal«, hat Jesus gesagt (Matthäus 7,13). Es erfordert die Konzentration, d.h. Bündelung unseres gesamten Seins und aller unserer Energien auf einen einzigen Punkt.

Der atheistisch um Glauben ringende Philosoph JEAN-PAUL SARTRE sagte: »Das einzige, was zählt, ist die Totalhingabe.« Gewiss ist sie das einzige, was unseren Bemühungen Echtheit verleiht und unsere Aufrichtigkeit erweist. Der Weg zur Fülle des Lebens ist genau dieser Weg der Totalhingabe unseres Personseins an den Ganz-Anderen, die vollständige, harmonische Konzentration von Geist, Körper und Seele auf die Mitte unseres Seins. Die lange vertrauten Überzeugungen und Wertvorstellungen, die wir in das Schweigen dieser Hingabe mit hineinnehmen, sind, so hat der große Trappistenmönch THOMAS MERTON oft gesagt, nur von beschränktem Wert; denn sie sind weithin das übliche Knäuel aus Gewohnheit, Sprache und Phantasie. Hingegen weiß jeder spirituelle Mensch in der Tiefe seines Herzens, dass das Rätsel seines Daseins nur weit jenseits dieses Knäuels gelöst werden kann. Dazu muss er sich auf seine Seinsmitte konzentrieren; denn er spürt mit eigenartig sicherem Instinkt: Nur dort wird er seine Quelle und seinen Sinn finden.

Streng genommen können wir diesen vollkommenen Zustand der Totalhingabe und Konzentration nicht von uns aus erreichen. Paulus mit seiner Erfahrung, dass wir gar nicht wissen, wie wir beten sollen, habe ich bereits mehrmals zitiert. Hier gibt es wirklich keine Kniffe, Rezepte oder Methoden, die schnell zum Erfolg führen, keine Sofortmystik oder zumindest keine, die sich von einem unvorbereiteten und undisziplinierten Geist einfach praktizieren ließe. Doch – ich habe es erfahren – es gibt einen Weg, uns auf die ganzheitliche Anheimgabe und Konzentration vorzubereiten. Es ist ein natürlicher Prozess und wiederum ein Geschenk Gottes selbst, ein Licht, das uns der Heilige Geist aufsteckt: Das Mantra lässt unseren äußeren Geist immer stiller werden und sammelt alle unsere Kräfte auf einen einzigen Punkt. Von diesem Punkt wissen wir, dass er vollständige Einfachheit bedeutet, die nicht weniger als unsere ganze Entschlossenheit verlangt.

Erst wenn wir ausnahmslos all unsere Aufmerksamkeit und Wachheit auf diesen Punkt konzentriert und all unsere Vorbehalte, all unsere Bequemlichkeit und Ängstlichkeit Gott anheimgegeben haben, sind wir dafür bereitet, *alles* zu empfangen. Solange wir noch nicht so weit sind, beeindruckt uns auch noch nicht die wahre, grenzenlose Großzügigkeit, die beglückende Überfülle der Botschaft des Evangeliums als etwas, was wir wirklich glauben und leben könnten. Uns kommen dann die Ansprüche, die die Verfasser des Neuen Testaments formuliert haben, noch sehr überzogen und nicht nachvollziehbar vor, wir deuten sie als Metaphern oder spielen sie zu hochtheologischen, aber nicht lebbaren Aussagen herunter.

Das Wesen und der Kern der Botschaft Jesu bestehen jedoch in einer wahrhaft grenzenlosen Großzügigkeit, in der totalen liebenden Anheimgabe seiner selbst an den unendlich liebenden Gott. Dies finden wir im gesamten Neuen Testament verkündet. »Wer sich an den Herrn bindet, ist ein Geist mit ihm« (1 Korinther 6,17) – »Dann aber werde ich durch und durch erkennen, so wie ich auch durch und durch erkannt worden bin« (1 Korinther 13,12) – »Jetzt sind wir Kinder Gottes. Aber was wir sein werden, ist noch nicht offenbar geworden. Wir wissen, dass wir ihm ähnlich sein werden, wenn er offenbar wird; denn wir werden ihn sehen, wie er ist« (1 Johannes 3,2).

Hätte Jesus nicht ausdrücklich gesagt, er gebe alles an uns weiter, was er vom Vater empfange, hätten wir es nie zu glauben gewagt. Tatsächlich wollen es nur wenige glauben; denn zumindest auf der begrifflich gedanklichen Ebene unserer Vorstellungen (das heißt, ehe man zur persönlichen Erfahrung gefunden hat) scheint es so sein, als würde jenseits des irdischen Weges die menschliche Person sozusagen in Gott aufgesogen. Erst wenn wir dafür bereitet sind, vom Geist geführt zu werden und die ersten Schritte in die unmittelbare Erfahrung hinein zu gehen, beginnen wir zu verstehen, was Teilhard de Chardin meinte, als er davon sprach, dass »die Vereinigung mit dem Göttlichen sich sehr differenziert vollzieht«. Das heißt: Die Überfülle der Liebe Gottes löst uns nicht auf in ein namenloses Nirvana, sondern wir reifen mehr denn je zu der Person, die zu sein wir berufen sind.

Jesus betonte, seine Sendung bestehe darin, den Vater zu verkünden: das heißt, den Menschen Gott als den zu offenbaren, dem er in den Tiefen seines eigenen menschlichen Herzens begegnete. Wenn wir sein Einswerden mit allen Dimensionen unseres Menschseins sowie sein liebendes Umfangen der ganzen kosmischen Wirklichkeit durch den Heiligen Geist betrachten, dann ahnen wir, was er uns verheißen hat: dass wir zu dem gleichen Wissen und zu der gleichen Kommunion mit dem Vater berufen sind wie er, zur gleichen Vollendung und Verwirklichung unseres Seins, deren er sich als Mensch erfreut und uns als das fleischgewordene Wort der Liebe Gottes mitgeteilt hat. Noch einmal: Indem Jesus *seinen* Gottesgeist in unsere Herzen senkt, gibt er an uns alles weiter, was er vom Vater empfangen hat (vgl. Johannes 15,15). Er enthält uns nichts vor, weder irgendein Geheimnis noch die Intimität seiner persönlichen Liebe. Er kann gar nicht anders, als sich selbst und alles, was er hat, ganz zu geben. Die Intensität des vom Vater ausstrahlenden Liebes-Impulses ist so stark, dass es für Jesus unmöglich ist, sich irgendein besonderes Privileg vorzubehalten und nicht mitzuteilen. Der alle Menschen umfassende »mystische Leib Christi« wird eben deshalb gebildet, weil Jesus vom brennenden Verlangen erfüllt ist, jeden Bereich unseres menschlichen Seins mit seinem Geist zu durchfluten. Nichts außer der mangelnden Bereitschaft des Menschen, dieses Geschenk der Liebe Gottes entgegenzunehmen, zu schätzen und für diese Liebe zu erwachen, kann dieses Verlangen an seiner Erfüllung hindern.

Das Herz des christlichen Glaubens und des Lebens Jesu selbst ist das geheimnisvolle Paradox, dass aus dem Sterben, aus dem Loslassen aller irdischen Gebundenheit das LEBEN kommt. Doch um zu vermeiden, von diesem gedanklich unlösbaren Paradox erschlagen zu werden und entweder in das Extrem des Aberglaubens oder des Zynismus zu verfallen, bedarf es eines persönlichen inneren Gleichgewichts. Die Heilige Schrift nennt es eine der Gaben des Heiligen Geistes: die Selbstbeherrschung.

Genau dies aber ist die Frucht der Meditation, des Weges zur Herzmitte, des zentrierenden Prozesses schweigenden Betens. Dies ist jedoch etwas ganz anderes als bloße Passivität oder Quietismus. Das heißt: Wir können das Erwachen unseres eigenen Geistes für den Geist Christi nicht passiv über uns ergehen lassen, als handle es sich dabei um eine vorgefertigte, von außen uns zufallende Erfahrung, oder als wären wir nicht als Ebenbilder Gottes erschaffene Wesen. Unser Erwachen besteht gerade darin, uns unserer umfassenden Teilhabe am Leben Gottes ganz und gar bewusst zu werden, und zwar am Leben Gottes als der Quelle unseres individuellen Menschseins und der Kraft selbst, die uns dazu befähigt, sein Liebesgeschenk, dass wir *sein* dürfen, anzunehmen. Dabei geht es um eine in Freiheit gegebene Antwort, um eine höchstpersönliche Kommunikation mit dem Urgrund unseres Seins, um ein wiedererkennendes Annehmen einer Wahrheit, die unserer Seele schon immer vertraut war.

Unser Anfang und unser Ende sind von der unendlichen Großherzigkeit Gottes umfangen, von seiner geradezu törichten Liebe, die ihn dazu bewegt, bei jeder Kundgabe seiner selbst ganz über sich hinaus zu gehen und sich ganz tief hinabzubeugen zur Erde, auf dass wir seine Stimme vernehmen. Der irdische Geist des Menschen ist nicht dazu angetan, dies vollständig zu verstehen. Es stimmt zwar, dass wir infolge unseres unauslöschlichen göttlichen Ursprungs aus dem Paradox eine Ahnung vom Wesen der Transzendenz bekommen können. Aber wir werden immer wieder darauf gestoßen und können nur staunen, dass Gott unvorstellbar großherzig ist. Jeder Mensch kann erfahren, dass diese Großherzigkeit die Quelle seiner Freiheit und der Freude ist. Tatsächlich ist der Mensch Gott dann am ähnlichsten, wenn er sich selbst großherzig hingibt, das heißt, wenn er liebt; denn Gott selbst gibt sich an uns maßlos hin (vgl. Johannes 3,34). Er hat seinen Geist »maßlos« über uns ausgegossen; seine Liebe hat unsere Herzen »überschwemmt«.

Jede theologische Darstellung, die von dieser Gottesgewissheit ausgeht, muss zum Empfinden ehrfürchtigen Staunens und Sich-Wunderns, zur Freude und zu einer Demut führen, die uns ganz und gar davon befreit, uns selbst so ungeheuer wichtig zu nehmen, wie wir es gewöhnlich tun. Sie sollte den Menschen zur Wahrnehmung des Gottes führen, der sowohl unendlich jenseits von uns und zugleich uns näher ist, als wir selbst es sind. Jede Darstellung Gottes ist in dem Maß wertvoll, in dem sie wirklich eine Offenbarung ist. Ich denke, das wollte Evagrius Ponticus sagen, als er schrieb: »Wenn du wirklich Theologe bist, betest du, und wenn du wirklich betest, bist du Theologe.«[24]

Meditieren ist keine Gebetstechnik. Und doch ist es ein unglaublich einfaches Mittel, uns zur ganzheitlichen Wahrnehmung der Natur unseres eigenen Wesens und der zentralen Tatsache dieses unseres Wesens zu führen, dass der Heilige Geist in unserem Herzen »Abba, Vater«

24 *Kapitel über das Gebet*, 60.

betet. Ich sage: Sie ist ein »einfaches« Mittel, und nicht: Sie ist ein »leichtes« Mittel. Der Weg der Einfachheit wird alsbald zum Pilgerweg, auf dem wir auf die Schwierigkeit stoßen, unser Leben vollkommen loslassen zu sollen. Aber auf diesem Pilgerweg sind wir nicht allein. Es gibt sowohl die Gemeinschaft der Gläubigen und Beharrlichen als auch den Heiligen Geist, der uns in unserem Herzen führt. Im demselben Maß, in dem wir uns loslassen, werden wir uns zurückgeschenkt, ja hundertfach mehr. Die Frucht der radikalen Einfachheit eines Mantra ist eine nicht zu beschreibende Freude und ein nicht zu fassender Friede.

In dem einen kleinen Wort eines Mantra finden die Vielfalt unserer Gedanken und die schillernde Buntheit der Worte ihre Auflösung. Johannes Cassian beschrieb es so: »Es begreift in sich alle in die Natur des Menschen gepflanzten Gefühle« und »umfasst alle unsere Gedanken«.[25] Wenn es in uns Wurzel geschlagen hat, führt uns das Mantra bis an den Punkt des Einswerdens, an dem wir einfach genug werden, um das unendliche Geschenk der persönlichen Liebe Gottes wahrnehmen, empfangen und in uns aufnehmen zu können. Es führt uns zu jener Freude, die Jesus allen versprochen hat, die auf dem Pilgerweg der Einfachheit durchhalten. Es ist die gleiche Freude, die der heilige Paulus den Philippern gewünscht hat: »Freut euch im Herrn zu jeder Zeit! Noch einmal sage ich: Freut euch! Eure Güte werde allen Menschen bekannt … Die Gnade Jesu Christi, des Herrn, sei mit eurem Geist!« (Philipper 4,4–5. 23).

25 *Konferenz 10:* 10,12.

III

ZWÖLF ANREGUNGEN FÜRS MEDITIEREN

Der folgende Abschnitt ist als Hilfe dazu gedacht, Sie auf das Schweigen der Meditation vorzubereiten. Er soll Ihnen helfen, Ihren Geist in einen Zustand des Friedens und der Sammlung zu führen. Er soll Sie in die Richtung weisen, die Sie für die Meditation brauchen, ganz nach innen. Er kann Ihnen auch beim Weiterkommen helfen, und Sie können sich dann mit der Frische eines Neuanfangs wieder voller Glaube und Liebe auf Ihren Pilgerweg begeben. Beim Meditieren sind wir alle immer wieder Anfänger.

Ich biete im Folgenden zwölf Abschnitte, und ich empfehle Ihnen, immer nur einen auf einmal zu lesen und dann jeweils mit dem Meditieren zu beginnen.

Denken Sie noch einmal daran: Um gut meditieren zu können, brauchen Sie den stillsten Ort, den Sie finden können. Sie brauchen eine aufrechte Haltung, wobei die Wirbelsäule ganz gerade sein soll, und Ihr Atem sollte ruhig und regelmäßig fließen. Ist das alles gewährleistet, so fangen Sie an, ruhig, friedlich und in vollkommener Einfachheit Ihr Mantra zu sprechen. Zum Meditieren brauchen Sie nicht mehr: Sie müssen nur mit unerschütterlicher Treue immer wieder Ihr Mantra wiederholen.

Wenn Sie sich auf jeden der Schritte, die ich Ihnen vorstelle, fünf Minuten lang konzentrieren können, ist das eine gute Vorbereitung auf die Kunst des Meditierens, bei der es ja im Wesentlichen um Konzentration und Wachheit geht. Während Ihrer Meditation sollten Sie sich nicht von auftauchenden Gedanken oder Bildern ablenken lassen. Konzentrieren Sie sich einzig auf das Mantra und das Schweigen, in das es Sie führt.

Die Tradition des Mantra I

Wenn ich zu Menschen über das Meditieren gesprochen habe, musste ich oft feststellen, dass es die Nichtchristen, ja sogar die Menschen ohne jede Religion sind, die als erste verstehen, worum es bei der Meditation geht. Vielen normalen Kirchgängern und auch Priestern, Ordensmännern und Ordensfrauen kommt das Mantra zunächst wie eine verdächtige, neu ausgetüftelte Gebetstechnik, wie eine exotische Methode oder wie eine Art Therapie vor, die für das Sich-Entspannen ganz gut sein mag, aber eigentlich nicht als christlich bezeichnet werden dürfe. Traurigerweise ist das so. Allzu viele Christen haben den Anschluss an ihre eigene Gebetstradition völlig verloren. Wir zehren nicht mehr von der Weisheit und dem reichen Erfahrungsschatz der großen Meister des Betens. Alle Meister sind sich darin einig, dass beim Beten nicht wir es sind, welche die Initiative ergreifen. Nicht wir sprechen Gott an. Er spricht uns an, und wir hören auf sein Wort in uns. Nicht wir schauen nach ihm aus, sondern er ist es, der nach uns ausgeschaut und uns gefunden hat. WALTER HILTON hat das im 14. Jahrhundert ganz einfach ausgedrückt: Tu du selbst gar nichts. Lass einfach Ihn in deiner Seele wirken.«[26] Ganz genauso lau-

26 *The Scale of Perfection*. Buch II, Kap. 24.

tet die Anweisung der heiligen TERESA VON ÁVILA. Sie erinnert daran, dass wir uns lediglich auf das Gebet einstimmen können; alles Übrige liege in der Macht des Heiligen Geistes, der uns führt.

Die Sprache, mit der wir unsere spirituelle Erfahrung zum Ausdruck bringen, wandelt sich; die Wirklichkeit des Heiligen Geistes wandelt sich jedoch nicht. Daher genügt es nicht, die Meister des Betens zu lesen. Es gilt, fähig zu werden und unserer eigenen Tiefenerfahrung zu vertrauen, mag sie noch so ursprünglich sein, um aus den vielfältigen Zeugnissen der Meister ein und dieselbe Wirklichkeit hervorleuchten zu sehen. Was HILTON und die heilige TERESA sagen, beschreibt zum Beispiel die gleiche Gebetserfahrung, aus der heraus der heilige Paulus schreiben konnte: »Wir wissen nicht, worum wir in rechter Weise beten sollen; der Geist selber tritt jedoch für uns ein« (Römer 8,26). Das heißt in unserer heutigen Sprache, dass wir zuerst still werden und uns konzentrieren müssen, ehe wir zu beten beginnen können. Nur dann können wir uns in Liebe der Gegenwart des Geistes Jesu in unserem Herzen bewusst werden. Nun würden viele Christen auch hier noch einwenden: »Das ist zwar richtig, aber das ist etwas für Heilige, für Spezialisten des Betens« – so, als wären Stille und Schweigen nicht allgemeingültige Elemente des menschlichen Seins und der spirituellen Praxis. Diese Art hartnäckiger falscher Demut beruht darauf, dass man nicht darauf achtet, an wen der heilige Paulus nach Rom, Korinth und Ephesus schrieb. Er schrieb nicht an Spezialisten, sondern an ganz gewöhnliche Hausfrauen, Familienväter, Metzger und Bäcker. Außerdem verrät diese falsche Demut den

Mangel an Kenntnis darüber, was spätere Meister über das Gebet geschrieben haben.

TERESA VON ÁVILA zum Beispiel war der Meinung, wenn man sich ernsthaft um das Gebet kümmere, werde man binnen relativ kurzer Zeit, nämlich in sechs Monaten oder einem Jahr, in das eingeführt, was sie als das »Gebet der Ruhe« bezeichnet. Abt MARMION betrachtete das einjährige Noviziat im Kloster als dafür bestimmt, gegen Ende bis zum »kontemplativen Gebet« zu führen, wie er es nannte. Der heilige JOHANNES VOM KREUZ sagte, das deutlichste Zeichen dafür, dass man für das schweigende Gebet bereit sei, bestehe darin, dass einem zur Zeit des Gebets das von Gedanken zu Gedanke eilende Denken eindeutig als Zerstreuung und eher störend vorkomme. Doch kann es auch dann noch eine Art arroganter Schein-Demut geben, die uns gegen den Ruf der erlösenden Liebe Jesu taub macht. Oft zögern wir einzusehen, dass wir selbst die Kranken und Sünder sind, die zu heilen Jesus gekommen ist, und oft ziehen wir uns hinter den Selbstschutz solcher Abkapselung zurück, um dem Risiko einer Begegnung mit dem Ganz-Anderen von Angesicht zu Angesicht im Schweigen zu entgehen, denn es würde unsere Verwundbarkeit offenbaren.

Beim Meditieren verzichten wir auf eine ichbezogene Analyse unserer eigenen Unwürdigkeit. Der Autor der *Wolke des Nichtwissens* sagt dazu: »Wenn sich immer wieder Erinnerungen an frühere Taten zwischen dich und Gott schieben, dann musst du sie energisch hinter dir lassen, und zwar aus großer Liebe zu Gott.«[27] Im Ge-

27 *Die Wolke des Nichtwissens*, Kap. 6, aaO.

bet dringen wir zu einer tieferen Wahrnehmung Gottes in Christus vor. Der Weg dahin ist der Weg des Schweigens. Der Weg ins Schweigen ist der Weg des Mantra.

Die Tradition des Mantra II

Jesus ruft uns zur Fülle des Lebens, nicht zu einer ichbezogenen allmählichen Wahrnehmung der wahren Schönheit und des Wunders unseres eigenen Seins. Bei der Mantra-Mediation handelt es sich um eine alte Tradition, bei der es darum geht, die Einladung Jesu anzunehmen.

Wir finden diese Tradition schon im alten jüdischen Brauch, »den Herrn allzeit zu preisen«. Wir finden das Mantra in der frühchristlichen Kirche, etwa im Vaterunser, bei dem es sich im ursprünglichen Aramäisch um eine Reihe kurze rhythmischer Sätze handelte. Wir finden es ferner in der orthodoxen Tradition des Jesusgebets, eines Gebets, das Jesus selbst empfohlen hat: »Herr, sei mir Sünder gnädig« (vgl. Lukas 18,13). So wie uns ferner das Gebet Jesu selbst im Evangelium beschrieben wird, war es vermutlich von der gleichen Art. Seine Jünger baten ihn: »Herr, lehre uns beten« (Lukas 11,1). Und er lehrte sie äußerste Einfachheit: »Wenn ihr betet, macht es nicht wie die Heuchler ... Du aber geh in deine Kammer, wenn du betest, und schließ die Tür zu; dann bete zu deinem Vater, der im Verborgenen ist ... Wenn ihr betet, sollt ihr nicht plappern wie die Heiden, die meinen, sie werden nur erhört, wenn sie viele Worte machen. Macht es nicht wie sie; denn euer Vater weiß, was ihr braucht, noch ehe ihr ihn bittet« (Matthäus 6,5–8). Vom Gebet Jesu im Garten Getsemani wird gesagt, dass er immer wieder »mit den gleichen Worten« betete (Markus 14,39; Matthäus 26,44). Wenn er den Vater für die Volksmenge um etwas bat, war immer das Wort »Abba« auf seinen Lippen das Wort, von dem auch der heilige Paulus sagte, der Geist Jesu rufe es unablässig in unseren Herzen.

Immer wieder lässt sich die praktische Anweisung der Meister des Betens mit der einfachen Aufforderung zusammenfassen: »Sprich dein Mantra« »Sprich dieses eine Wort«. In der *Wolke des Nichtwissens* heißt es: »Bete nicht mit vielen Worten, sondern nur mit einem kleinen einsilbigen Wort. Hefte dieses Wort ganz fest auf dein Herz, damit es dort immer sei, was auch kommen mag. Mit diesem Wort kannst du alle Gedanken unterdrücken.«[28] Abt CHAPMAN beschreibt in seinem berühmten Brief vom Michaelsfest 1920 aus Downside den schlichten, beharrlichen Gebrauch eines Mantra, zu dem ihn geistliche Lehrer angeleitet hatten. Er hatte eine einfache, sich durch alle Jahrhunderte hindurchziehende Tradition, die einst von den Mönchen für das Abendland erschlossen worden war, für sich neu entdeckt. Die Mönche des Abendlands hatten sie ihrerseits zum ersten Mal im späten 4. Jahrhundert durch JOHANNES CASSIAN kennengelernt. CASSIAN hatte sie von den Wüstenvätern übernommen, deren Ursprünge bis in die apostolische Zeit zurückreichen.

Dass das Mantra auf eine so lange ehrwürdige Tradition zurückblicken kann, ist vor allem seiner äußersten

28 *Die Wolke des Nichtwissens*, Kap. 7 u. 39, aa0.

Einfachheit zuzuschreiben. Es erfüllt alle Ansprüche an das Gebet, wie sie Jesus formuliert hat, führt es uns doch zu einer harmonischen, achtsamen Stille von Geist, Körper und Seele. Es erfordert kein besonderes Talent und keine spezielle Begabung, außer eine ernsthafte Absicht und den Mut, es beharrlich zu pflegen. CASSIAN sagte:

»Niemandem ist die Reinheit des Herzens aus dem Grund unzugänglich, weil er etwa nicht lesen könnte, noch ist bäurische Einfalt ein Hindernis für sie; denn sie erschließt sich allen ganz schnell, wenn sie nur ständig diesen Satz wiederholen und Geist und Herz aufmerksam auf Gott gerichtet halten.«[29] Unser Mantra ist das alte aramäische Gebet: »Maranatha, Maranatha« – »Komm, Herr Jesus, komm.«

29 *Konferenz* 10,14.

Das Mantra sprechen I

Meditieren heißt: schweigend das Mantra sprechen lernen, und weil das so einfach ist, sollten wir in aller Klarheit verstehen, worum es geht, wenn wir das Mantra sprechen.

Entscheidend ist, dass wir ganz beharrlich beim Mantra bleiben; denn im Maß unserer Beharrlichkeit wurzelt es sich immer tiefer in uns ein. Ich habe Ihnen als Mantra das Wort »Maranatha« empfohlen, den alten aramäischen Gebetsruf: »Komm, Herr Jesus, komm!« Ich rate Ihnen, es schweigend in Ihrem Geist zu sprechen und dabei jede der vier Silben genau gleich stark zu betonen: Ma-ra-na-tha. Gewöhnlich fangen *wir* so an, dass wir es sind, die das Mantra sprechen, das heißt, es sieht aus, als sprächen wir es als fremdes Wort schweigend im Geist, irgendwo in unserem Kopf; aber wenn wir allmählich Fortschritte machen, wird uns das Mantra vertrauter, immer weniger fremd und erscheint uns nicht mehr als Eindringling in unser Bewusstsein. Dann können wir beobachten, dass wir immer weniger Anstrengung aufbringen, um es beharrlich während unserer Meditationszeit zu sprechen. Schließlich kommen wir über eine Grenze und sprechen es nicht mehr im Kopf, sondern es erklingt in unserem Herzen, und das ist die Stufe, von der wir sagen können, das Mantra habe in unserem Herzen Wurzel geschlagen und spreche sich geradezu selbst.

Für die Beschreibung dessen, worum es hier zutiefst geht, reicht kein Bild aus; zuweilen ist es daher hilfreich und ermutigend, sich daran zu erinnern, dass sich die eigene Meditationserfahrung mit der Erfahrung von anderen Gläubigen deckt. Man könnte das Erklingen des Mantra in unserem Herzen damit vergleichen, dass es ist, als stoße man ein Pendel ganz leicht an, und dieser leichte Stoß genügt, um es in einen ruhigen, steten Rhythmus zu versetzen. An diesem Punkt fängt unsere Meditation im eigentlichen Sinn an. Ab jetzt beginnen wir uns wirklich bei der Konzentration von uns selbst zu lösen; denn von jetzt an *sprechen* wir das Mantra nicht mehr oder lassen es erklingen, sondern fangen an, auf es zu hören, und dabei wird unsere Achtsamkeit immer feiner. Mein spiritueller Lehrer pflegte für die Beschreibung dieser Stufe der Meditation das Bild zu verwenden, das Mantra erklinge von da an im Tal unter uns, derweil wir uns den Berghang hinauf kämpfen.

Die Meditation ist genau deshalb auch die Kunst der Konzentration; denn je höher wir den Berg hinaufsteigen, desto schwächer ist das Mantra vom Tal unter uns her zu vernehmen, so dass wir immer achtsamer und feiner auf es hören. Schließlich kommt der Tag, an dem wir in die »Wolke des Nichtwissens« eintreten, in der Schweigen herrscht, absolutes Schweigen, und wir können das Mantra nicht mehr hören.

Wir müssen uns jedoch immerzu darüber im Klaren sein, dass es unmöglich ist, auf irgendeine Weise in der Meditation rasche Fortschritte zu erzwingen oder den natürlichen Prozess zu beschleunigen, in dessen Verlauf das Mantra in unserem Bewusstsein und unserem Herzen Wurzeln schlägt. Was wir unsererseits beisteuern können, ist einzig und allein unsere Konzentration, unsere Achtsamkeit und Beharrlichkeit, mit denen wir es sprechen. Dabei sollten wir es unterlassen, immer wieder auf uns selbst zu schauen und uns zu fragen: »Wie weit bin ich? *Spreche* ich noch das Mantra, oder *höre* ich es schon?« Wenn wir den Prozess mit Gewalt zu beschleunigen versuchen oder uns ständig selbst kontrollierend in Augenschein nehmen, um zu erfahren, wie weit wir schon sind, sind wir sozusagen Nicht-Meditierende; denn dann konzentrieren wir uns nur auf uns selbst, stellen uns selbst an die erste Stelle. Die Meditation verlangt vollkommene Einfachheit. In diese vollkommene Einfachheit werden wir schließlich auch geführt, aber zunächst fangen wir immer wieder damit an, das Mantra zu sprechen und immer wieder neu zu sprechen.

Das Mantra sprechen II

Ich muss hier noch einmal betonen, wie wichtig es ist, weiter und weiter das Mantra zu sprechen. Wenn man zu meditieren beginnt, geschieht es nämlich häufig, dass man ziemlich bald in Zonen des Gefühls eines tiefen Friedens kommt. Man empfindet ein angenehmes Wohlsein, ja sogar eine euphorische Stimmung. Dann kann das Mantra fast wie eine störende Zerstreuung wirken. Man möchte diese Stufe des Wohlbefindens nicht mehr verlassen und ist versucht, dort stehenzubleiben, sein Quartier aufzuschlagen und auf die weitere Besteigung des Berges zu verzichten. Dann aber hört man auch damit auf, das Mantra zu sprechen. Viele Menschen geraten genau aus diesem Grund in unnötig lange und fruchtlose Phasen, während derer sie keinerlei Fortschritt mehr machen. Sie tauschen die Möglichkeit, ihr Bewusstsein zu erweitern und immer stärker für den Heiligen Geist empfänglich zu werden, gegen ein verschwommenes religiöses Gefühl ein, eine Art religiöser Narkotisierung.

Johannes Cassian, der große Meister des Gebets, der auch unser Meister bleibt, hat bereits im 4. Jahrhundert auf diese Gefahr hingewiesen. Er sprach von diesem Zustand als der *pax perniciosa,* dem »gefährlichen Frieden«. Seine warnende Bezeichnung weist auf etwas hin, an das wir uns erinnern müssen, falls wir je denken sollten, wir könnten jetzt sagen: »Bis hierher und nicht weiter. Mir reicht, was ich jetzt habe.« *Perniciosa* bedeutet buchstäblich etwas Gefährliches oder Verhängnisvolles. Ich bin überzeugt, dass daher viele Menschen im Gebet nicht den Fortschritt machen, den sie eigentlich machen könnten. Sie werden im Gebet nicht so frei, wie zu werden sie berufen sind, und das aus dem einfachen Grund, weil sie sich für dieses freilich verlockende, aber im Grunde destruktive Sich-Hängenlassen und Sitzenbleiben entscheiden. Sie brechen ihren mühsamen Aufstieg auf den Berg zu früh ab; sie geben das Sprechen des Mantra auf.

Wenn wir zu meditieren beginnen, bedarf es der Ausdauer, das Mantra während der ganzen zwanzig oder dreißig Minuten unserer Meditationszeit zu sprechen, ganz gleich, in welcher Gemütsverfassung wir sind oder was uns gerade beschäftigt. Wenn unsere Beharrlichkeit wächst und unsere Achtsamkeit auf das Mantra feiner und feiner wird, macht es immer weniger Mühe, es während der gesamten Zeit unserer Meditation erklingen zu lassen, ganz gleich, welche Zerstreuungen oder Gefühle uns ablenken wollen. Wurzelt sich dann das Mantra allmählich in unserem Herzen ein, so ist der Augenblick gekommen, ohne Unterlass mit unserer vollen Aufmerksamkeit auf es zu hören.

Ich wiederhole es noch einmal, denn das ist die wesentliche und vielleicht einzig wichtige Anweisung für die Meditation: *Sprechen Sie Ihr Mantra.* Dies ist gar nicht so leicht zu akzeptieren und auch gar nicht so leicht zu befolgen. Wenn wir zu meditieren beginnen, hoffen wir zunächst auf irgendeine alsbald sich einstellende mystische Erfahrung, zumindest auf ein Wohlgefühl. Daher neigen vor allem Meditationsanfänger dazu, die ersten ungewöhnlichen Erfahrungen, die ihnen der Vorgang der Meditation verschafft, viel zu wichtig zu nehmen. Wichtig ist einzig und allein, treu beim Mantra zu bleiben und dank einer festen Disziplin darin Halt zu gewinnen. Erst dann wächst die Kraft, die Bereitschaft und auch die Lust, die höheren Zonen des Berges zu erklimmen.

Wir sollten nicht allzu besorgt um unsere Motive sein, die uns bewegen, mit dem Meditieren zu beginnen. Nicht wir ergreifen die eigentliche Initiative, sondern Christus ergreift sie. JOHANNES CASSIAN hat das so ausgedrückt: »Er selbst hat aus dem harten Feuerstein unseres Herzens das kleine Fünklein guten Willens geschlagen.« Beginnen Sie also Ihre Meditation in der Einfachheit des Herzens und bleiben Sie der schlichten Aufgabe treu, ohne Unterlass das Mantra zu sprechen.

Das kleine Ich hinter sich lassen

Im Markusevangelium sagt Jesus: »Wer mein Jünger sein will, der verleugne sich selbst, nehme sein Kreuz auf sich und folge mir nach« (8,34). Wenn wir meditieren, geht es genau darum: diesem Ruf Jesu zu antworten, der die Quelle unseres gesamten christlichen Glaubens ist, nämlich »uns selbst zu verleugnen«; das heißt, unser kleines irdisches ängstliches oder allzu selbstbewusstes Ich hinter uns zu lassen, damit wir uns tatsächlich mit Jesus auf den großen Weg der Heimkehr zum Vater machen können, bei dem unsere Lebensreise begonnen hat.

Beim Sprechen des Mantra handelt es sich um einen existentiellen und spirituellen Reifungsweg, der uns hilft, über alle Grenzen und Bindungen unserer starren und gottfernen Fixierung hinauszukommen, zu uns selbst. Das Mantra führt uns in eine Erfahrung jener Freiheit, die im Kern unseres Wesens wohnt. »Wo der Geist des Herrn wirkt, da ist Freiheit« (2 Korinther 3,17) sagte der heilige Paulus. Der Mantraweg führt uns Stufe um Stufe zu dieser »Freiheit der Kinder Gottes« (Römer 8,21), indem er uns anleitet, Schritt um Schritt zum Ganz-Anderen, zum großen LEBEN hinüberzugehen und unser erdgebundenes Bewusstsein aus der Befangenheit in uns selbst mehr und mehr zu lösen. Das meinte Jesus, als er sagte, man solle »sich selbst verleugnen«.

In unserer individualistischen Zeit, die eher dem Haben als dem Sein zugetan ist, haben wir das zutiefst befreiende Verständnis dafür verloren, was es heißt, »sich selbst zu verleugnen«. »Selbstverleugnung« ist eine uns zunehmend fremde Erfahrung, ja etwas zu Verleugnendes, und auch Christen wissen oft gar nicht mehr, was damit in Wahrheit gemeint ist, kommt es doch in unserer Gesellschaft vor allem darauf an, sich durchzusetzen, sich zu behaupten, von seinem Ich her das Leben, die Welt und alle Erfahrungen zu deuten und zu bewerten. Der Materialismus unserer Konsumgesellschaft stellt das »Was *ich* will, brauche und denke« und den äußeren Gewinnzuwachs in den Mittelpunkt aller Aktivitäten und reduziert »den anderen« zum reinen Gegenstand, den man daraufhin abschätzt und wertet, ob er einem zum Vorteil und Gewinn nützt oder nicht. Aber der andere ist nur dann wirklich der seinsmäßig »andere«, wenn ich ihn unabhängig von mir selbst zu sehen und zu schätzen vermag. Wer hat noch den liebevollen Blick Jesu, der einen Menschen nahm, wie er war, und dem der abschätzende Blick auf Menschen, was sie ihm nützen könnten, gänzlich fremd war? Wer anfängt, andere zum bloßen Gegenstand des eigenen Lebens und Erlebens zu degradieren, dem entgeht seine in Gott verwurzelte Einmaligkeit, sein wahrer Wert und seine in Gott gegründete Liebenswürdigkeit gänzlich.

Viele Menschen, auch Christen verwechseln »Selbstverleugnung« mit Selbstmissachtung. Beim Meditieren laufen wir jedoch gerade nicht vor uns selbst davon oder versuchen nicht, die uns selbst bejahende und liebende Verantwortung für unser Leben und unsere Beziehungen abzuschütteln. Im Gegenteil: In der Meditation bestätigen und bestärken wir geradezu uns selbst, allerdings nicht jenes empfindliche und immerzu erdgebundene Ich, das sich immer nur in irgendeine äußere Aufgabe eingespannt fühlt, oder jenes besorgte Ich, das ständig nur dieses oder jenes will und haben will. Diese Facetten unseres Ichs sind fern von Gott und daher im Grunde eine Illusion. Was sie bewirken, ist: Sie lassen uns mehr und mehr zu einem egoistischen, sinnlosen Bündel entarten, wenn wir sie von der wahren Mitte unseres Wesens abtrennen, das heißt von jener Mitte, in der unser auf nichts Irdisches zurückführbares Selbstsein in vollkommener Harmonie mit dem Ganz-Anderen existiert, mit Gott, der die Quelle auch unseres Lebens und der Uns Liebende ist. Diesem allumfassend ganzen Selbst, unserem wahren, gottverwurzelten Selbst, geben wir Raum im Schweigen der Meditation.

Diesem von seiner Quelle her göttlichen Selbst können wir freilich nicht dadurch Raum geben, dass wir versuchen, es mit Gewalt in den Griff zu bekommen, um es zu besitzen oder unter Kontrolle zu haben. Würden wir das tun wollen, wären wir in der absurden Situation, dass unser Ego versuchen würde, unser Selbst zu steuern, das heißt, das eigentlich Vorläufige und Unwirkliche würde das Endgültige und in Wahrheit Wirkliche zu steuern versuchen. Es wäre so, wie wenn der Schwanz versuchen würde, mit dem Hund zu wedeln. Das meinte der Theologe Reinhold Niebuhr (1892–1971), als er sagte: »Setzt man sich die Selbstverwirklichung bewusst zum Ziel, so kann das Selbst nicht voll zu sich selbst kommen.«

Beim Meditieren lassen wir unser wahres Selbst zum

Zuge kommen, indem wir still werden und schweigen. Dadurch gestatten wir es der Wirklichkeit unseres wahren Selbst, immer erkennbarer ins Licht zu treten; wir lassen es zu, dass unser wahres Selbst auf dem Weg unseres spirituellen Reifens mit seinem Leuchten unser gesamtes Wesen durchdringt. Wir versuchen also, überhaupt nichts zu tun. Wir lassen uns selbst nur sein. Wenn wir so unser SELBST zulassen, sind wir in jenem Seinsraum der Freiheit und Empfänglichkeit, der es uns ermöglicht, mit anderen in Beziehung zu treten. Das aber ist die Bedingung dafür, dass wir auch im Sinn eines anderen Entscheidungen treffen und beispielsweise ohne Worte sagen können: »Ich liebe dich.«

Doch können wir uns nur dann einem anderen wirklich zuwenden, wenn wir jenes kleines Ich hinter uns lassen, das heißt, wenn wir unsere Aufmerksamkeit und unsere Ambitionen von der nur um uns selbst besorgten Beschäftigung mit uns selbst abziehen und sie mit neuem Wachsein auf das Du richten. Wenn ich dagegen hartnäckig selbstbezogen bleibe, beschränke und missachte ich mein wahres Selbst. Vergesse, verleugne ich mein kleines Selbst, so setze ich mein wahres Selbst für seinen wirklichen Zweck frei, der darin besteht, den anderen zu lieben.

Meditation ist ein einfacher und natürlicher Prozess, der uns unser wahres Sein offenbart: als Zustand radikaler Empfänglichkeit für den in unseren Herzen wohnenden Geist Jesu. Diese Offenbarung dämmert uns, wenn wir Abstand nehmen von den Äußerungen unseres erdgebundenen Bewusstseins, das sich in Gedanken, Worten und Bildern kundtut, und uns stattdessen direkt auf die

Ebene des Herzbewusstseins begeben. Wir werden dann auf wunderbare, heilende Weise still, weil wir in das *Herz der Stille* eingetreten und vollständig dem Ganz-Anderen zugewandt sind. In diesem voll bewussten, vollkommen freien Schweigen öffnen wir uns ganz natürlich dem aus dem Schweigen hervortretenden Wort: Gottes eigenem Wort, das uns ins Dasein gerufen hat und mit dem wir von unserem Schöpfer aus- und angesprochen werden.

Es ist das lebendige Wort in uns selbst. Unser Glaube sagt uns, dass wir vollkommen diesem Wort einverleibt sind. Das müssen wir voll und ganz mit der Höhe und Tiefe, Breite und Länge unseres Geistes erfassen und erkennen, obwohl es jenseits allen gewohnten Erkennens liegt. Dieses Erkennen, das so einfach ist, dass es kein Gedanke oder Bild je enthalten oder darstellen könnte, schenkt uns das Schweigen. Wenn wir unser kleines Selbst hinter uns lassen, treten wir in dieses Schweigen ein und konzentrieren uns auf den Ganz-Anderen. Die Wahrheit, um deren Offenbarung es geht, ist der Einklang unseres großen Selbst mit dem Anderen. Mit den Worten eines Sufi-Dichters gesprochen: »Ich sah meinen Herrn mit dem Auge meines Herzens und sprach: ›Wer bist du, Herr?‹ Er gab mir zur Antwort: ›Du selbst‹.«

Johannes Cassian

Wenn Menschen nicht zu allen Zeiten und in allen religiösen Traditionen die Erfahrung des Heiligen Geistes gemacht hätten, würden wir heute nicht immer noch die Evangelien oder den heiligen Paulus lesen. Ihrem Wesen nach handelt es sich immer um die gleiche Begegnung mit der erlösenden Liebe Gottes in Jesus Christus, der gestern, heute und für immer der Liebende bleibt. Diese Wahrheit ist für uns heute insofern wichtig, als zwar niemand diesen Weg für jemand anderen gehen kann, wir aber dennoch von der Erfahrung und der Weisheit derer, die ihn schon vor uns gegangen sind, lernen können. Jesus wurde zu seiner Zeit und von vielen seiner Zeitgenossen als Lehrer und Meister betrachtet, der dank seiner Treue und Beharrlichkeit die Christus-Erleuchtung erlangte.

Im Laufe der Geschichte des Christentums haben Männer und Frauen des Gebets die besondere Sendung erfüllt, ihren Zeitgenossen und sogar noch vielen nachfolgenden Generationen zur gleichen Erleuchtung und gleichen Neugeburt im Heiligen Geist zu verhelfen, die Jesus verheißen hatte. Einer dieser Lehrmeister ist JOHANNES CASSIAN. Er lebte im 4. Jahrhundert und darf für sich beanspruchen, einer der einflussreichsten Lehrer des spirituellen Lebens im Abendland zu sein. Seine besondere Bedeutung als Lehrer und Inspirator BENEDIKTS VON NURSIA und damit des gesamten abendländischen Mönchtums besteht darin, dass er wesentlich dazu beigetragen hat, die spirituelle Tradition des Ostens in die lebendige Erfahrung des Westens einzubringen.

CASSIANS eigener Weg als spiritueller Sucher begann damit, dass er sich selbst auf die Suche nach einem Lehrer, einem Meister des Gebets begab. Einen solchen konnte er in seinem eigenen Kloster in Betlehem nicht finden. Genau wie in unserer Zeit Tausende junger Menschen auf der Suche nach Weisheit und persönlich überzeugenden Lehrern in den Osten gehen, reisten auch JOHANNES CASSIAN und sein Freund GERMANUS in die Wüsten Ägyptens, wo im 4. Jahrhundert die überzeugendsten und berühmtesten Geistesmänner lebten. In seinen *Instituta* (den »Einrichtungen« der Mönche in Ägypten) und seinen *Collationes* (den »Konferenzen« bzw. »Unterredungen« mit diesen Wüstenvätern) begegnen wir CASSIAN kaum als eigenständiger Persönlichkeit, so wie auch BENEDIKT hinter seiner Mönchsregel versteckt bleibt, die im übrigen JOHANNES CASSIAN ungemein viel verdankt. Aber aus seinen Schriften wird deutlich, dass CASSIAN vom Heiligen Geist beseelt war und genau wie BENEDIKT das, wozu er anleitete, selbst erreicht hatte: die Selbsttranszendenz, das heißt das Hinauskommen weit über sich selbst.

CASSIANS besondere Fähigkeiten, die ihm eine ungemein starke Autorität und Meisterschaft verleihen, sind sein Zuhören-Können und seine Gabe, das, was er gehört und sich angeeignet hat, an andere weiterzugeben. Als er mit ungeteilter Aufmerksamkeit der Lehre des heiligen Abtes ISAAK lauschte, wurde CASSIAN zum ersten Mal für das Gebet begeistert und faßte den festen Vorsatz, darin treu zu verharren. Abt Isaak sprach beredt und aufrichtig, aber Cassian kommt in seiner ersten Konferenz zu dem Schluss: »Durch diese Worte des heiligen Isaak wurden wir eher benommen als zufrieden gestellt; denn wir spürten zwar, dass er uns deutlich vor Augen geführt hatte, wie ungemein wichtig das Gebet sei; aber worin es bestehe und welche Kraft es verleihe und den Menschen damit für immer erfülle, hatten wir immer noch nicht verstanden.«[30]

Seine Erfahrung gleicht deutlich derjenigen, die viele Menschen heute machen, wenn sie inspirierende Berichte über das Gebet hören, aber nicht selber erfahren, auf welch praktischem Weg auch sie des in ihrem eigenen Herzen betenden Heiligen Geistes gewahr werden können. Nach einigen Tagen kehrten Cassian und Germanus demütig zu Abt Isaak zurück und stellten ihm die schlichte Frage: »Wie sollen wir beten? Unterrichte uns darin, zeige es uns.« Seine Antwort auf diese Frage findet sich in Cassians *10. Konferenz.* Sie wurde von entscheidender Bedeutung dafür, was man im Abendland unter Gebet verstand, und dies bis in unsere Tage.

Zunächst erläuterte Abt Isaak, beim Gebet handle es sich sowohl um die Erfahrung wie auch das Anerkennen unserer eigenen Armut, unserer völligen Abhängigkeit von Gott als der Quelle allen Seins. Zugleich vermittle es die Erfahrung unserer Erlösung, das heißt unseres reichen Beschenktwerdens durch die Liebe Gottes in Jesus Christus. Diese beiden miteinander zusammenhängen-

30 *Konferenz 9,36.*

den Aspekte des Gebets unsere Armut und unsere Erlösung veranlassen CASSIAN, den Zustand, den wir im Gebet erfahren, als eine »großartige Armut« zu bezeichnen. CASSIAN schreibt: »Der Geist sollte sich unablässig an das Mantra halten, bis er durch dessen ständigen Gebrauch gestärkt ist und die Fülle und Vielfalt aller möglichen Gedanken aufgibt und sich mit der Armut dieses einzigen Spruchs begnügt … Alle, die diese Armut erleben, gelangen alsbald zur ersten der Seligkeiten: ›Selig die Armen im Geist, denn sie werden das Himmelreich erben‹.«[31]

Das spirituelle Leben besteht für CASSIAN aus der ernsthaften Ausdauer in der Armut dieses einzigen Spruchs. Er bezeichnet es als ein Passah, einen Vorübergang oder Durchgang. Wenn wir daran festhalten, gelangen wir von der Trauer zur Freude, von der Einsamkeit zur Kommunikation. Anders als viele der ägyptischen Asketen, die die Abtötung als ein Ziel in sich selbst betrachteten, lehrt CASSIAN eindeutig, dass sie nur das Mittel zum Erlangen eines größeren Ziels ist. Dieses Ziel ist die ununterbrochene Achtsamkeit auf das Leben des Heiligen Geistes, der uns unablässig erneuert und unserem sterblichen Leib neues Leben schenkt.

In ähnlicher Weise betrachtet er die religiöse Gemeinschaft als Mittel, jeden einzelnen zur Wahrnehmung seiner Kommunion mit allen in Jesus Christus zu führen. Genau wie beim Meditieren das Mantra das Sakrament unserer Armut ist, sind in der Gemeinschaft die vollkommene Ehrlichkeit und Aufrichtigkeit in unseren

31 *Konferenz* 10,11.

Beziehungen untereinander und vor allem mit unserem geistlichen Begleiter die Zeichen und Mittel dafür, dass wir von der Ängstlichkeit zur Liebe übergehen.

Eines der immer wiederkehrenden Themen CASSIANS ist der Nachdruck, mit dem er davon spricht, dass jeder unbedingt die Wahrheit ganz persönlich als solche erfahren müsse: Wir sollen in den Tiefen unseres eigenen Selbst zu Wissenden werden. Wir sollen zuerst leben und dann lehren, zuerst sein und dann etwas tun. Vor allem aber sollen wir persönlich für das Wunder und die Schönheit unseres Seins erwachen, für das Geheimnis des Lebens Jesu Christi in unserem Herzen. Wir sollen uns unablässig bemühen, die Falle der Halbbewusstheit zu vermeiden, den benommenen Zustand, den er als den »gefährlichen Frieden«, die *pax perniciosa* bezeichnet oder als tödlichen Schlaf, den *sopor letalis.* Seine Bedeutung als spiritueller Lehrer für uns heute besteht in seiner Einfachheit und Direktheit, denn er spricht von intensiven Erfahrungen und inspirierenden Idealen.

Wie also können wir die Aufforderung Jesu erfüllen: »Wachet und betet« (Matthäus 26,41)? CASSIAN überlieferte dem Abendland die Antwort aus der Tradition christlichen Betens: indem wir zutiefst von dem Wissen erfüllt sind, dass wir als Erdverbundene arm sind und diese Erfahrung unseres Armseins durch vollkommene Selbstverleugnung vertiefen. Das einfache, praktische Mittel, das er dazu lehrt, ist der unablässige Gebrauch des Mantra.

CASSIAN schrieb, das Hauptziel des Christen sei das Wahrnehmen des Reiches Gottes und der Kraft des Geistes Jesu im eigenen Herzen. Doch aus eigener Anstrengung können wir dies nicht erreichen; wir können auch nicht durch bloßes Denken so weit gelangen. Folglich gibt es für uns ein einfacheres und direkteres Zwischenziel, das er als die »Reinheit des Herzens« bezeichnet.[32] Er lehrt, einzig auf sie sollten wir zielstrebig bedacht sein. Alles Übrige werde uns dazugegeben. Der Weg zur Reinheit des Herzens aber, zur vollen und klaren Wahrnehmung, ist der Weg der Armut, der »großartigen Armut« des Mantra.

32 *Konferenz* 1,4.

Das Himmelreich an die erste Stelle setzen

Wenn wir gefragt würden, woran es unserer Meinung nach wohl liege, dass wir uns nicht erfüllt und glücklich fühlten, würden die meisten von uns wohl nicht auf Themen wie Harmonie, Achtsamkeit, Bewusstheit oder Geisterfahrung kommen. Eher würden uns bestimmte Elemente unseres Lebens wie Arbeit, Beziehungen oder Gesundheit einfallen, und wir würden als Grund für unser Unerfülltsein oder unsere Angst eines oder mehreres davon angeben. Zudem würden viele nicht einmal einen gemeinsamen Nenner oder inneren Zusammenhang aller dieser Elemente sehen. Für viele von uns laufen unsere vielfältigen Alltagsverrichtungen gleichsam auf parallelen Schienen, die sich nie treffen, und viele halten sie auch bewusst sorgfältig auseinander. Das Ergebnis davon ist, dass dem heutigen Leben oft eine Mitte fehlt, ein gemeinsamer Nenner, eine Einheit stiftende Quelle. Folglich verlieren die Menschen das Gespür für ihre eigene schöpferische Mitte, und das Ergebnis ist, dass sie ihrem wahren Selbst entfremdet bleiben.

Wenn man Beten und Meditieren so versteht, dass es dabei nur darum geht, Gott zu sagen, was man will oder braucht und ihm seine Sünden zu bekennen, verstärkt dies nur noch die Entfremdung des Menschen von der eigentlichen Wirklichkeit. Jesus kam, um uns die befreiende Anweisung zu geben: »Sorgt euch nicht um euer Leben und darum, dass ihr etwas zu essen habt, noch um euren Leib und darum, dass ihr etwas anzuziehen habt. Ist nicht das Leben wichtiger als die Nahrung und der Leib wichtiger als die Kleidung?« (Matthäus 6,25). Was Jesus hier empfiehlt, ist nicht eine unverantwortliche oder weltfremde Gleichgültigkeit bezüglich der praktischen Dinge des Lebens, sondern er will uns den Geist des Vertrauens ans Herz legen, des absoluten Vertrauens darauf, dass Gott unser Vater ist, der uns nicht nur erschaffen hat, sondern auch jeden Augenblick neu im Dasein erhält. Daher lehrte er: „Sorgt euch also nicht um morgen; denn der morgige Tag wird für sich selbst sorgen» (Matthäus 6,34). Lebe ganz als du selbst im gegenwärtigen Augenblick; denn dein Glück und deine Erfüllung liegen im Hier und Jetzt.

Einem anderen vertrauen heißt, von sich selbst abzusehen, »sich selbst zu verleugnen« und den Schwerpunkt seines Daseins in einen anderen zu verlegen. Das ist Freiheit, das ist Liebe. Jesus sagte: »Denn um all das«, nämlich die vielfältigen praktischen Dinge, »geht es den Heiden. Euer himmlischer Vater weiß, dass ihr das alles braucht« (Matthäus 6,32). Wenn Jesus seine Jünger zum Vertrauen darauf auffordert, dass Gott ihr Vater ist, dann will er ihnen nicht die unreife, kindische Einstellung empfehlen, wir müssten von Gott alles bekommen, was wir wollen, und zwar einfach deshalb, weil wir es wollen. Auf Gott vertrauen heißt, sich selbst ganz dem anderen zuwenden. Wer das tut, wächst über sich selbst und auch über sein eigenes Wollen hinaus. Schon durch diese Erfahrung der Selbsttranszendenz an sich bekommt man mehr, als man je hätte erbitten können oder auch nur zu erhoffen gewagt hätte: »Euch aber muss es zuerst um sein Reich und um seine Gerechtigkeit gehen; dann wird euch alles andere dazugegeben« (Matthäus 6,33).

Unsere vielfältigen äußeren Tätigkeiten, in die wir uns zersplittern, lassen sich erst dann richtig ordnen, wenn wir den bewussten Kontakt zur Mitte aller dieser Tätigkeiten und Sorgen gefunden haben. Diese Mitte zu finden ist das Ziel unserer Meditation. Es ist unsere eigene Wesensmitte. Mit der heiligen Teresa von Ávila gesprochen: »Gott ist die Mitte der Seele.« Wenn wir wieder den Zugang zu dieser Mitte gefunden haben, wird das Reich Gottes in unserem Herzen aufgerichtet. Dieses Reich Gottes ist nichts anderes als die in der Gegenwart anwesende Kraft und das alldurchdringende Leben Gottes selbst, das in der ganzen Schöpfung west. Johannes Cassian hat es so gesagt: »Der Urheber der Ewigkeit will sich von den Menschen nicht um unsichere, kleinliche oder kurzlebige Dinge bitten lassen.«[33] Der Grund dafür ist nicht etwa, dass er uns nicht auch die kleinen Freuden des Lebens gönnen würde, sondern dass wir erst dann voll und ganz das Leben genießen können, wenn wir von ihm das Geschenk seiner selbst erhalten haben als dem, von dem alle guten Dinge kommen, ja der die Güte selbst ist. Der Beweis seiner Gebefreudigkeit ist, dass »die Liebe Gottes ausgegossen ist in unsere Herzen durch den Heiligen Geist, der uns gegeben ist« (Römer 5,5). Von ihr sagt der heilige Paulus, sie lasse uns »nicht zugrunde gehen«.

Dies ist keine Erfahrung, die nur einigen wenigen Auserwählten vorbehalten wäre. Grundsätzlich liegt die-

33 *Konferenz* 9,24.

ses Geschenk für jeden Menschen bereit. Wer es empfangen will, muss allerdings zu seiner Wesensmitte zurückkehren, in der die Quelle unseres Daseins sprudelt und uns durch den Geist Jesu Gottes Liebe eingießt.

Unsere persönliche innere Harmonie wahrnehmen I

Eines der deutlichsten Merkmale unserer Zeit ist das fast allgemein unter den Menschen verbreitete Gefühl, sie müssten auf irgendeine Weise wieder eine Grundlage finden, auf die sie persönlich sicher bauen können, eine Art Basis oder unerschütterliches Fundament für ihr Leben. Hinzu kommt eine allgemein verbreitete Angst, ins Nicht-Sein abzurutschen, den Kontakt zu sich selbst zu verlieren, in einem gewissen Abstand von sich selbst zu leben. Der Schriftsteller James Joyce sagte von einer seiner Romanfiguren: »Er lebte in einem gewissen Abstand von seinem Körper.« Das ist eine zutreffende Diagnose dessen, was uns als »Selbstentfremdung« bekannt ist.

Gründe für unser Gefühl, uns selbst, anderen und der Natur entfremdet zu sein, gibt es zweifellos unzählige; aber es lassen sich wohl zwei besonders schwerwiegende Gründe nennen. Der erste besteht darin, dass wir uns vor persönlicher Verantwortung drücken. Wir haben den Kontakt zu uns selbst unter anderem deshalb verloren, weil wir es zulassen, dass andere Menschen oder Instanzen unsere persönlichen Entscheidungen für uns treffen. Von jemandem, der sich unkonventionell verhält, sagen wir oft: »Er ist ein Außenseiter«, womit wir unterstellen, dass die Gesellschaft festlegt, wie man leben muss, um ein »Insider« zu sein, also dazuzugehören.

Ein zweiter Grund für das Gefühl der Entfremdung von uns selbst besteht in der Art, wie wir geschult und angeleitet werden, uns selbst zu sehen. Wir werden darin geschult, unser Leben allzu sehr in Schule, Arbeit, Haus, Familie, Freizeitgestaltung, Kirche usw. aufzuteilen und alle diese Bereiche voneinander getrennt zu halten. Die Folge ist, dass wir das Gefühl verlieren, persönlich überhaupt noch ganz zu sein; denn in jedem dieser Bereiche verwirklichen wir einen anderen Teil von uns selbst. In Wirklichkeit ist jedoch bei allem, was wir tun und bei jeder Verantwortung, die wir übernehmen, der ganze Mensch im Spiel, genau wie Gott überall ganz zugegen ist und sich nicht in teilweise oder begrenzte Formen des Gegenwärtigseins aufteilen lässt.

Der heutige Mensch befindet sich in einem Zustand starker Verwirrung, weil die Komplexität und Zerstückelung seines Lebens den Eindruck erwecken, er sei überhaupt nicht mehr ein Wesen aus einem Guss, eine ganzheitliche Person, ein ganzer Mensch. So fragt er sich – und diese Frage stellen viele Menschen heute, nicht nur Gläubige: »Wie kann ich wieder in Kontakt mit mir selbst kommen? Wie kann ich wieder Vertrauen in mich selbst gewinnen, ein Vertrauen, dass ich weiß, ich existiere wirklich um meiner selbst willen?« Diese Frage müssen wir stellen und beantworten, denn ohne ein Grundvertrauen in unser eigenes Dasein finden wir nicht den Mut, aus uns selbst heraus und auf andere zuzugehen. Ohne andere aber werden wir nicht voll wir selbst.

Es gibt eine Art von Urinstinkt, der uns spüren lässt, dass sich die Antwort auf diese Frage nicht auf dem Weg der gedanklichen Selbstanalyse finden lässt. Wenn wir unsere wesentliche Harmonie und Ganzheit entdecken wollen, was nichts anderes ist, als dass wir zu uns selbst finden, können wir uns nicht auf nur einen Teil unseres Wesens beschränken. Die Erfahrung der Wiederentdeckung, die der heutige Mensch macht, ist zugleich eine Neuentdeckung: nämlich, dass man die Wirklichkeit nur als ganze erkennen kann, nicht von Teilen her, und dass diese allumfassende Wahrnehmung nur im Schweigen geschehen kann. Wir sehen, dass diese Wahrheit heute in vielen Bereichen des Lebens und Denkens entdeckt wird. So verschmäht zum Beispiel die abstrakte Kunst jede ihr entsprechende sprachliche Äußerung oder verzichtet auf sie. Über unterschiedliche Brauntöne auf einer Leinwand lässt sich nicht diskutieren. Ludwig Wittgenstein (1899–1951) hat uns vielleicht mehr als jeder andere Schriftsteller auf die Begrenztheit unserer Sprache hingewiesen, als er sagte, man könne der Sprache nicht trauen, ob sie tatsächlich die Wahrheit wiedergebe. Die Sprache ist eine Art endloser Regression, denn alle Worte verweisen immer wieder auf andere Worte. Für uns alle kann dies eine befreiende Entdeckung sein, vorausgesetzt, wir haben den Mut, aus ihr die Konsequenzen zu ziehen und wirklich still zu werden. Wenn wir das tatsächlich fertigbringen, besteht eine unserer ersten Belohnungen darin, dass wir wahrnehmen, wie wir grundsätzlich auf Harmonie angelegt sind, auf die Harmonie, die sich uns erschließt, wenn wir mit ungeteilten Herzen auf das Gebet achten. Diese Achtsamkeit ist etwas Tieferes und Wirklicheres als alles, was sich jemals auf dem Weg des Denkens, der Sprache oder der Phantasie erreichen lässt. Der ganzheitliche Mensch, der sich seines Lebens freut und es als Geschenk erfährt, ist der Mensch, der sich seiner selbst als Einheit erfreuen kann: »Ich danke dir, dass du mich so wunderbar gestaltet hast«, singt der Psalmist (Psalm 138,13).

Unsere Aufgabe bei der Meditation besteht darin, dass wir uns wieder zur Einheit herstellen lassen und alle zersplitterten Teile unserer selbst den ihnen angemessenen Ort finden, der ihnen von unserer Wesensmitte her gesehen zusteht. Wenn wir das erreichen wollen, dürfen wir uns nicht länger aufsplittern. Wir müssen uns auf unser großes Selbst konzentrieren, was ja nichts anderes heißt, als uns auf unser Zentrum, unsere Mitte hin zu sammeln.

Erwacht im Schweigen tatsächlich unser Bewusstsein für diese Mitte, so wird eine Kraft freigesetzt, bei der es sich um die Kraft des Lebens, die Kraft des Heiligen Geistes handelt. Dank dieser Kraft werden wir erneuert, wieder eins, neu geschaffen. »Wenn also jemand in Christus ist, dann ist er eine neue Schöpfung«, sagte Paulus (2 Korinther 5,27). Das Mantra führt uns geradewegs zu dieser Mitte.

Unsere persönliche innere Harmonie wahrnehmen II

Im vorigen Abschnitt habe ich davon gesprochen, dass der heutige Mensch sich immer deutlicher dessen bewusst wird, wie die Sprache als Mittel, ihn wieder sich selbst finden zu lassen, nicht ausreicht. Damit soll das denkerische Bemühen keineswegs abgewertet und auch nicht in Abrede gestellt werden, dass die Sprache ein wesentliches zwischenmenschliches Kommunikationsmittel ist. Würde dieses Buch solches vertreten, wäre es überholt. Die Sprache mag zwar nicht ausreichen, uns zur endgültigen Kommunikation zu führen; aber sie ist die Atmosphäre, in der wir zum ersten Mal die Luft unseres Bewusstseins einatmen. Sie erweitert unser Bewusstsein und führt uns ins Schweigen. Allerdings kommen wir erst im wortlosen Schweigen zur vollen Bewusstheit.

Um diesen etwas abstrakten Gedanken zu erläutern, will ich als Beispiel noch einmal die Vorstellung unserer persönlichen Harmonie aufgreifen. Insofern es sich dabei um eine Vorstellung handelt, müssen wir über sie mittels der Sprache reden. Die Sprache verwendet Wörter. Wörter haben in dem Maß Sinn, in dem sie einen klar definierten Inhalt haben. Wollen wir also über persönliche Harmonie reden, so müssen wir definieren, was wir damit meinen, müssen folglich analysieren, unterscheiden, aussondern. Mit persönlicher Harmonie meine ich die Integration, das heißt das vollkommene Ineinander-Wirken von Herz, Leib und Geist. Aber wenn ich von diesem allem als von getrennten Wesenheiten spreche unterstelle ich damit nicht, dass sie zunächst unabhängig voneinander wirken? Entsteht nicht der Eindruck, zuerst gebe es getrennt voneinander und für sich lebend ein Herz, einen Leib, einen Geist, und diese drei müsse man dann dazu bringen, harmonisch zusammenzuwirken? Natürlich wissen Sie und ich, dass diese drei in Wirklichkeit nicht unabhängig voneinander wirken, sondern schon immer zum Ganzen zusammenwirken. Wenn ich eine freudige Nachricht erfahre, spüre ich diese Freude auch in meinem Leib, und sie belebt meinen Geist. Alles das geschieht simultan; alles zusammen stellt meine Reaktion dar, mein Eingebundensein in das, was mir geschieht. Es ist nicht etwa so, dass mein Körper meinem Geist etwas mitteilen oder mein Geist mich auf dem Weg der Körpersprache etwas wissen lassen würde. Ich als ganzer bin Person, und ich reagiere als ganze Person (vgl. 1 Korinther 12,12–26).

Wir wissen, dass wir eine ganze Person sind, dieses harmonische Wesen, und doch wissen wir es zugleich auch nicht richtig, weil uns dieses Wissen noch nicht voll bewusst geworden ist. Vielleicht könnte man so sagen: Die bewusste Harmonie, die in vollkommener Freude und Freiheit in unserer Wesensmitte lebt, hat sich noch nicht durch unser gesamtes Wesen ausgestreut und ausgebreitet. Damit sie das tun kann, müssen wir das Hindernis unseres allzu engen selbstbezogenen Denkens und unserer sich zu wichtig nehmenden Sprache aus dem Weg räumen. Mit anderen Worten: Wir müssen zum Schweigen kommen.

Wäre sich jemand wirklich voll und ganz seiner selbst als Leib-Geist-Seele und als Harmonie dieser drei bewusst, dann wäre er auf dem besten Weg, dieses Wissen in seinem gesamten Wesen voll bewusst wahr werden zu lassen. Aber der heutige Mensch hat das Wissen um sein Geistwesen verloren und verwechselt es mit seinem Verstand. Die Folge davon ist, dass er das Gespür für seine Ausgewogenheit und sein gesundes Maß als Geschöpf verloren hat, das ihn ins schöpferische Schweigen des Meditierens führen würde. Erst wenn wir anfangen, den Geist in uns selbst wahrzunehmen, fangen wir auch an, das Klarheit schenkende Geheimnis unseres Wesens zu erfassen. Wir sind nicht nur ein Stück Leib und ein Stück Seele, die miteinander existieren. Wir tragen in unserem Wesen ein Einheitsprinzip, und dieses Einheitsprinzip ist unser Geist, das Abbild Gottes in uns.

Im 14. Jahrhundert schrieb der Verfasser der *Wolke des Nichtwissens:* »Ich sage dir die Wahrheit, wenn ich behaupte, dieses Werk (der Meditation) verlange große Gelassenheit, eine ganzheitliche und lautere Verfassung von Seele und Leib … Verhüte Gott, dass ich trenne, was Gott verbunden hat: Leib und Geist.«[34] Der Weg dazu, uns dieser wesentlichen Harmonie unseres Wesens bewusst zu werden, besteht darin, zu schweigen. Tun wir das, so kann die Harmonie unseres Wesens, unserer Mitte, sich sozusagen zur Blüte entfalten und jeden Teil, ja jedes Molekül unseres Wesens erfassen. In der *Wolke des Nichtwissens* wird das recht sympathisch so beschrieben: »Wenn die Gnade den Menschen zur Kontemplation hinzieht, scheint es, als verkläre sie ihn sogar körperlich.

34 *Die Wolke des Nichtwissens,* Kap. 41 u. 48, aa0.

Selbst wenn er von der Natur vielleicht weniger begünstigt war, wirkt er jetzt verändert und ist lieblich anzusehen.«[35]

Wenn wir sagen, dass sich unsere wesentliche Harmonie über unser ganzes Wesen ausbreitet, sagen wir mit anderen Worten, dass das Gebet des Geistes Jesu in unseren Herzen aufquillt, es überschwemmt und sodann uns ganz durchflutet. Das ist das staunenswerte Geschenk, das Jesus uns gemacht hat, als er uns seinen Geist sandte. Aber er zwingt ihn uns nicht auf. Es liegt an uns, ihn zu erkennen und anzunehmen. Das tun wir nicht, indem wir besonders scharfsinnig sind oder uns selbst analysieren, sondern indem wir schweigen und einfach werden. Das Geschenk haben wir bereits. Wir müssen nur unsere Herzen für diese Gabe einer unendlichen Großzügigkeit öffnen.

Das Mantra öffnet unser Herz in lauterer Einfachheit. Der heilige Paulus schrieb an die Korinther: »Wisst ihr nicht, dass euer Leib ein Tempel des Heiligen Geistes ist, der in euch wohnt und den ihr von Gott habt?« (1 Korinther 6,19). Die Meditation ist unser Weg, dieses Wissen zu erlangen.

---

35 *Die Wolke des Nichtwissens,* Kap. 54, aa0.

Eine in der Gegenwart anwesende Wirklichkeit

Jemand hat einmal behauptet, wir brauchten keine Moral und kein Gewissen, wenn wir keine Vorstellung von Zukunft hätten. Könnten wir nur die Gegenwart sehen und jeweils im gegenwärtigen Augenblick leben, würden wir das Gutsein hier und jetzt verwirklichen, weil wir unfähig wären, den Augenblick unserer Bekehrung in eine unbestimmte Zukunft hinaus zu verschieben.

Die phänomenale Wirkung des Judentums auf die Welt lässt sich ein Stück weit daraus erklären, dass es in der hebräischen Sprache keine Zukunftsform gibt. Das Alte wie das Neue Testament durchzieht ein starkes Gefühl der ewigen Gegenwart Gottes. Von Mose heißt es, Gott habe sich ihm offenbart als der »Ich-bin-da. So sollst du zu den Israeliten sagen: Der ›Ich-bin-da‹ hat mich zu euch gesandt« (Exodus 3,14). Jesus verkündigte nicht nur, das Reich Gottes sei unter den Menschen bereits anwesend, sondern sagte auch von sich selbst: »Ehe Abraham war, *bin ich*« (Johannes 8,58). Dieses Gefühl des Gegenwärtigseins des Reiches Gottes prägte auch durch und durch die Verkündigung des heiligen Paulus: »Jetzt ist sie da, die Zeit der Gnade; jetzt ist er da, der Tag der Rettung« (2 Korinther 6,2).

Und jetzt lesen Sie den folgenden Abschnitt aus dem Anfang des 5. Kapitels des Römerbriefs und achten Sie genau auf die Zeiten, die er verwendet: »Gerecht gemacht aus Glauben, haben wir Frieden mit Gott durch Jesus Christus, unseren Herrn. Durch ihn haben wir auch den Zugang zu der Gnade erhalten, in der wir stehen, und rühmen uns unserer Hoffnung auf die Herrlichkeit Gottes« (5,1f).

Sie merken, dass uns dieser Text vor allem darauf aufmerksam machen will, in welchem Zustand wir jetzt, in der Gegenwart, sind, um unser Bewusstsein zur ständigen Konzentration auf den gegenwärtigen Augenblick anzuleiten.

Die außerordentliche Dynamik dieser Worte wie überhaupt der gesamten Schriften des Paulus beruht auf dem Wunder, der Herrlichkeit, der unvorstellbaren Wirklichkeit des Zustands, in dem wir hier und jetzt schon sind, der derart überwältigend ist, dass wir uns gar nicht ständig auf ihn konzentrieren können. Uns ist es gewährt, den Raum Gottes zu betreten, in dem wir immer schon sind. Jesus hat uns den Weg erkennend gebahnt und uns durch seine eigene Erfahrung der Gottesnähe in seinen Lebensprozess einbezogen, in seine endgültige Kommunion mit dem Vater durch sein Leben als Auferstandener, ein Leben, das die gesamte Schöpfung durchwirkt. Wir halten uns daher im Bereich der Gnade Gottes auf, weil wir sind, wo er ist, und er ist, wo wir sind. Wir sind in ihm, und sein Geist ist in uns.

Und dennoch endet der zitierte Abschnitt mit den Worten: »Wir rühmen uns unserer Hoffnung auf die Herrlichkeit Gottes.« Warum scheinen wir nun doch wieder darauf zu verfallen, unser Eintreten in den Bereich der Gnade und damit in die Herrlichkeit Gottes aufzuschieben? Geht mit Paulus nur seine Rhetorik durch und lässt ihn sich selbst widersprechen? Nein, was er sagt, sagt auch Jesus: »Das Reich Gottes ist schon da, in euch« (vgl. Lukas 17,21). Aber ihr müsst es wahrnehmen. Ihr müsst zusehen, dass euer Bewusstsein sich entfaltet und eure Achtsamkeit sich entwickelt. Wir sind bereits im Bereich der Gnade Gottes, denn er hat seinen Heiligen Geist in unser Herz geschickt. Aber weil wir als Ebenbild Gottes erschaffen sind, sind wir zur Achtsamkeit auf uns selbst berufen. Wir müssen uns ganz persönlich dessen bewusst werden, was Jesus für uns erlangt hat, müssen den Menschen wahrnehmen, der wir bereits sind.

Das ist das Ziel unserer Meditation: uns zum vollen Bewusstsein dessen zu führen, wer wir sind und wo wir bereits sind, um uns so davon abzubringen, alle wirklich entscheidenden Dinge immer wieder aufzuschieben. Es gilt, uns mit beiden Füßen fest auf den Boden der konkreten Wirklichkeit des gegenwärtigen Augenblicks zu stellen, in dem sich unser göttlicher Glanz offenbart. Wir müssen still werden und lernen, wie wir beständig und unablässig auf die Wirklichkeit unseres Seins im Hier und Jetzt achten können. Père de Caussade hat dies als das »Sakrament des gegenwärtigen Augenblicks« bezeichnet. Da hinein will uns das Mantra führen: in die volle Wahrnehmung des göttlichen Glanzes der ewigen Gegenwart. Das Mantra ist unser Sakrament des gegenwärtigen Augenblicks.

Christliche Gemeinschaft I

Den meisten Christen gelingt es heute nur unzureichend, das Evangelium Jesu Christi mit genügend Überzeugungskraft und Begeisterung zu verkündigen. Das liegt vor allem daran, dass wir vergessen haben, dass der Sinn unseres Lebens ganz wesentlich darin besteht, für andere da zu sein. Die Kirche ist nicht da, um sich selbst zu verewigen, sich gegen Angriffe zu verteidigen oder ihre eigene Sicherheit und Überlebenskraft zu stärken. Sie ist dazu da, Zeugnis zu sein und zu geben von der erlösenden Liebe Gottes in Jesus Christus.

Nur soweit die Kirche tatsächlich für die anderen lebt, ist sie unverwundbar und »triumphierende Kirche«. Jesus hat zu seinen Jüngern gesagt: »Ihr seid das Licht der Welt. Ein Licht zündet man nicht an und stellt ein Gefäß darüber, sondern man stellt es auf den Leuchter; dann leuchtet es allen im Haus. So soll euer Licht vor den Menschen leuchten, damit sie eure guten Werke sehen und euren Vater im Himmel preisen« (Matthäus 5,14–16).

Wenn unsere Zeitgenossen nicht glauben, was wir über Jesus und was wir über die Wirklichkeit des menschlichen Geistes sagen – liegt das nicht vor allem daran, dass sie nicht davon überzeugt sind, dass wir selbst es wirklich glauben? Es genügt nicht, dass wir uns alle Mühe geben, der Kirche vor der Welt ein neues Aussehen zu geben und ständig darum besorgt zu sein, wie es wirkt und welchen Eindruck es macht. Es ist fruchtlos, zuerst die Kirche ändern zu wollen: Zuallererst ist es notwendig, dass wir uns selbst als Ebenbild Gottes erkennen.

Damit wir dies fertigbringen, gibt es nur einen Weg, und der ist am ehesten dazu angetan, das der Kirche anvertraute Licht im Haus leuchten zu lassen: den Weg des Betens und Meditierens. Wie überall müssen auch hier die Mittel in einem inneren Zusammenhang mit dem Ziel stehen. Christliche Gemeinden und Gemeinschaften sind nicht um ihrer selbst willen da, sondern für andere und letztlich für den Ganz-Anderen. Auch wir persönlich müssen in unserem Meditieren entdecken, dass wir für den Ganz Anderen da sind. Im kontemplativen Gebet erfahren wir ganz besonders deutlich, dass wir von ihm erschaffen und im Dasein erhalten werden.

In unserem meditativen Beten lassen wir Gott Gott sein: Wir freuen uns darüber, dass er so ist, wie er ist; wir versuchen nicht, ihn zu manipulieren, ihm den Kopf voll zu reden oder ihm zu schmeicheln; wir zerreden ihn nicht mit klugen Worten und Formulierungen, sondern beten ihn an. Das heißt: Wir anerkennen seine Bedeutung und Rolle, und indem wir das tun, entdecken wir, dass wir als nach seinem Ebenbild Erschaffene, als seine Söhne und Töchter an seiner Bedeutung und Liebe teilhaben.

Jeder hat schon irgendwann in seinem Leben, vielleicht beim Zusammensein mit einem überaus geliebten Menschen oder zur Zeit einer tiefen Trauer oder eines großen

Schmerzes, die Erfahrung gemacht, dass im Schweigen eine ganz besondere Kraft liegt. Zu Zeiten von großer Bedeutung für unser Leben schweigen wir ganz spontan; denn wir fühlen dann, dass wir an eine Wahrheit von so großer Bedeutung rühren, dass Worte uns nur davon ablenken und daran hindern würden, diese Bedeutung ganz zu erfassen. Die Kraft des Schweigens besteht darin, dass sie diese Wahrheit ans Licht, an die Oberfläche kommen lässt, damit wir sie erahnen können. Das geschieht zu seiner Zeit und auf seine Art ganz natürlich. Wir wissen, dass wir nicht dafür zuständig sind, ob und wann uns das beschieden ist; doch wir wissen, dass es sich dabei um etwas handelt, das für uns ganz persönlich von großer Bedeutung ist. Wir spüren auch, dass es größer ist als wir, und empfinden vielleicht ganz unerwartet ein starkes Gefühl der Demut, das unser aufmerksames Schweigen nur noch vertieft. Wir lassen die Wahrheit einfach wahr sein.

Doch es gibt in uns auch einen Impuls, alles nach unserem eigenen Gutdünken umzubiegen. Das zeigt sich beispielsweise darin, dass wir die Wahrheit, die uns im Augenblick der Wahrheit dämmert, wieder abschwächen und uns selbst gegen ihre umwandelnde Kraft schützen. Wir neutralisieren ihr Anderssein und stülpen ihr unsere eigenen Vorstellungen über. Das ist genau genommen die Sünde des Götzendienstes: Wir schaffen uns nach unserem Bild und Gleichnis unseren eigenen Gott. Statt Gott in seinem ehrfurchtgebietenden Anderssein zu begegnen, basteln wir uns einen Spielzeuggott, der unserem eigenen psychischen und emotionalen Bild entspricht. Wenn wir das tun, fügen wir ihm selbst zwar keinen Schaden zu, da das Unwirkliche über ihn keine

Macht hat, aber wir erniedrigen und zersplittern uns selbst und tauschen das Potential und die göttliche Herrlichkeit unseres Menschseins gegen den falschen Glanz des Goldenen Kalbs ein.

Die Wahrheit ist viel aufregender und wunderbarer als alles, was wir uns selbst zurechtlegen. Gott ist nicht ein Spiegelbild unseres Bewusstseins, sondern wir sind ein Spiegelbild Gottes, sind sein Bild, weil wir in Jesus, seinen Sohn, unseren Bruder, aufgenommen sind. Unser Weg zur Erfahrung dieser Wahrheit liegt im Schweigen der Meditation.

Christliche Gemeinschaft II

Genau wie wir Gott auf unser eigenes Maß verkleinern und ihn zum Abbild unserer selbst machen, können wir das auch mit anderen Menschen tun. Ja, wenn wir Gott so behandeln, behandeln wir unvermeidlich auch andere Menschen so. Das entspricht in der Umkehrform dem, was im 1. Johannesbrief gesagt ist: »Wenn jemand sagt: Ich liebe Gott!, aber seinen Bruder hasst, ist er ein Lügner. Denn wer seinen Bruder nicht liebt, den er sieht, kann Gott nicht lieben, den er nicht sieht. Und dieses Gebot haben wir von ihm: Wer Gott liebt, soll auch seinen Bruder lieben« (4,20f).

Machen wir uns nichts vor, hier heißt es: Wir können nicht Gott *oder* den Bruder lieben. Entweder wir lieben beide, oder wir lieben keinen von ihnen. Liebe bedeutet, sich über das Anderssein des anderen zu freuen; denn die Tiefe dieser Bewusstheit ist die Tiefe unserer Kommunion mit dem anderen. In dieser Kommunion ist die Entdeckung unseres eigenen wahren Selbst und derjenigen des anderen ein und dieselbe Entdeckung. Es gilt also, die Menschen, mit denen wir zusammenleben, nicht als Gegenstände zu betrachten, auf die wir oberflächlich unser eigenes Bild projizieren, sondern um etwas viel Tieferes: Wir sollen und dürfen in ihnen unser eigenes wahres Selbst finden; denn unser wahres Selbst taucht nur dann auf und wird nur dann verwirklicht, wenn wir vollkommen einander zugewandt sind.

In der Meditation schulen wir unsere Fähigkeit, unser gesamtes Sein auf den Ganz-Anderen hin auszurichten und zugleich auch auf den anderen Menschen. Wir lernen, unseren Nächsten genauso sich selbst sein zu lassen, wie wir Gott Gott sein lassen. Wir lernen, unseren Nächsten nicht zu manipulieren, sondern vor ihm Ehrfurcht zu haben, Ehrfurcht vor seiner Bedeutung und vor dem Wunder, dass es ihn gibt. Mit anderen Worten: Wir lernen, ihn zu lieben. Weil das so ist, ist das Gebet die beste Schule für das gemeinsame Leben. In der gemeinsamen Ernsthaftigkeit und Ausdauer im Gebet und durch sie geht uns die wahre Herrlichkeit einer christlichen Gemeinschaft als Bruderschaft der Gesalbten des Herrn auf, die in gegenseitiger tiefer und liebevoller Hochachtung miteinander leben.

Die christliche Gemeinschaft bietet die Erfahrung, von anderen mit Ehrfurcht betrachtet zu werden und auch ihnen in Ehrfurcht zu begegnen. Diese Ehrfurcht voreinander offenbart, dass die Mitglieder der Gemeinschaft auf der Wellenlänge des Heiligen Geistes sensibel aufeinander eingestellt sind, des gleichen Heiligen Geistes, der uns zur Fülle der Liebe berufen hat. In den anderen erkenne ich den gleichen Heiligen Geist, der in meinem Herzen lebt, den Geist, der mein wahres Selbst ausmacht. In dieser Anerkenntnis des anderen Menschen, einer Anerkenntnis, die meinen Geist neu werden lässt und mein Bewusstsein erweitert, wird der andere Mensch zu dem, der er wirklich ist, und zwar in seinem wahren Selbst, statt weiterhin nur eine von mir manipulierte Verlängerung meiner selbst zu sein. Er bewegt sich und handelt aus seiner eigenen ganzheitlichen Wirklichkeit heraus und nicht länger nur als ein von meiner Phantasie erschaffenes Bild. Selbst wenn unsere Vorstellungen oder Prinzipien in Konflikt miteinander geraten, bleiben wir einander im Einklang verbunden, in einem dynamischen Gleichgewicht, weil wir gegenseitig voneinander wissen und anerkennen, unendlich liebenswert, wichtig und im tiefsten Wesensgrund eine einzige Wirklichkeit zu sein.

So hat die Dynamik des Mystischen Leibes Christi, die darin besteht, dass wir einander gegenseitig tragen und ertragen, das schöpferische Ziel, dass jeder sein wesentliches Sein verwirklicht. In einer echten, von lebendigem Glauben getragenen Gemeinschaft ist zu spüren, dass wir alle füreinander da sind und uns gegenseitig fördern, ja einander ins Licht des wahren Seins ziehen. Das wirkt sich so aus, dass uns allen gemeinsam immer tiefer die Erfahrung der Freude am Leben geschenkt wird. Ist unser Glaube, den wir mit den anderen teilen, von Liebe erfüllt, so geht uns immer mehr auf, welche immense Fülle unser Leben bietet. Er fördert alle Beteiligten und ist von einer tiefen Ehrfurcht vor ihnen geprägt.

Meditation trägt dazu wesentlich bei; denn sie leitet uns an, uns vollkommen dem Ganz-Anderen zuzuwenden, der der Heilige Geist in unserem Herzen ist. Die volle Offenbarung des Andersseins und unsere Kommunion mit allen geschieht im ehrfürchtigen Schweigen. Unsere Aufmerksamkeit auf den anderen ist dann so vollkommen, dass wir von uns aus gar nichts mehr sagen, sondern warten, bis der andere spricht.

Das Mantra führt uns zu einem tieferen Wahrnehmen des in unserem Inneren herrschenden Schweigens und unterstützt uns beim Warten.

Quellen

Die Bibel: Einheitsübersetzung – Altes und Neues Testament. Verlag Herder, Freiburg i. Br. 1999.

Die Benediktusregel lateinisch-deutsch. Hrsg. im Auftrag der Salzburger Äbtekonferenz. Beuroner Kunstverlag, Beuron ^{2}1996.

Jules Monchanin und Henri Le Saux: *Die Eremiten von Saccidananda.* Otto Müller Verlag, Salzburg 1962. Vgl. auch Dom Le Saux, *Indische Weisheit – Christliche Mystik. Von der Vedanta zur Dreifaltigkeit.* Rex Verlag, Luzern/München 1968.

Das Ruhegebet – Eine Einübung nach Johannes Cassian. Übertragen und eingeleitet von Peter Dyckhoff. Kösel Verlag, München 1993.

Wolke des Nichtwissens und *Brief persönlicher Führung.* Neu übertragen und herausgegeben von Willi Massa. Herder Verlag, Freiburg i. Br. 1999.

David Knowles: *Englische Mystik.* Patmos-Verlag, Düsseldorf 1967.

Walter Hilton: *The Scale of Perfection*, in: *Walter Hilton's Latin Writings.* Hrsg. von John P. H. Clark und Cheryl Taylor. Institut für Anglistik und Amerikanistik der Universität Salzburg (Analecta Cartusiana 124), Salzburg 1987.

Anregungen zur weiteren Lektüre

Die folgende Liste der vorgeschlagenen Lektüre ist bewusst kurz gehalten. Sie will lediglich dazu inspirieren, den Pilgerweg der Meditation anzutreten und ihm treu zu sein.

Im Idealfall geschieht dies zusammen mit einem geistlichen Begleiter oder im Rahmen einer Gemeinschaft. Doch ist es wichtig, sich darüber hinaus dessen bewusst zu sein, dass man diesen Pilgerweg zusammen mit einer Zeit und Raum umspannenden Gemeinschaft von Menschen antritt, von denen viele ihre gesammelte Weisheit und Einsicht an die nachfolgenden Generationen weitergegeben haben. Den Meistern des Gebets, deren Werke hier empfohlen werden, ging es nicht darum, ihren Lesern eine Ersatzerfahrung zu geben, sondern sie wollten sie so direkt wie möglich zu einer ganz persönlichen Antwort auf den Ruf anleiten, der an jeden von uns ergeht.

1. Der prägnanteste, praktischste und ausgewogenste Führer zur Meditation stammt aus der englischen mystischen Tradition. Es handelt sich um die anonyme Abhandlung aus dem 14. Jahrhundert mit dem Titel *Wolke des Nichtwissens.* Das ursprüngliche Englisch dieses Textes ist frisch und lebendig und hat einen fast unüber-

setzbar anmutenden Klang. – Einige deutsche Meditations-Meister haben den Text beim Übersetzen von ihrer eigenen Sicht her gefärbt. Am getreuesten dem Original entspricht: *Das Buch von der mystischen Kontemplation, genannt Die Wolke des Nichtwissens, worin die Seele sich mit Gott vereint.* Johannes-Verlag, Einsiedeln 1980. Die aktuellste deutsche Ausgabe ist: *Wolke des Nichtwissens und Brief persönlicher Führung.* Herausgegeben und mit einer Hinführung versehen von Willigis Jäger, neu übertragen von Willi Massa. Kreuz Verlag, Freiburg 2011

2. Die Grundlage dieser Tradition und der gesamten abendländischen Gebetstradition sind die *Unterredungen* des JOHANNES CASSIAN aus dem 5. Jahrhundert. Mit ihrer lebendigen Anschaulichkeit sind sie auch noch für uns mit unseren heutigen Fragestellungen von bleibender Aktualität. Empfehlenswerte Werke dazu: Johannes Cassian: *Unterredungen mit den Vätern. Collationes Patrum. Teil 1, Collationes 1-10.* Vier-Türme-Verlag, Münsterschwarzach 2011; Teil 2, *Collationes 11-17*, ebd. 2014. – Eine gute Einführung in Leben und Werk von Johannes Cassian bietet Gabriele Ziegler: *Frei werden. Der geistliche Weg des Johannes Cassian.* Vier-Türme-Verlag, Münsterschwarzach 2011

3. Weitere empfehlenswerte Bücher:
- Peter Dyckhoff, *Das Ruhegebet einüben*, Herder Verlag, Freiburg 2011
- Andreas Ebert/Peter Musto: *Praxis des Herzensgebets. Einen alten Meditationsweg neu entdecken.* Claudius Verlag, München 2013
- Andreas Ebert/Carol Lupu (Hrsg.): *Hesychia. Das Ge-*

heimnis des Herzensgebets. Claudius Verlag, München 2014
- Andreas Ebert (Hrsg.): *Hesychia II. Wege des Herzensgebets*. Claudius Verlag, München 2014
- Laurence Freeman: *Jesus – Der Lehrer in dir*. Aurum Verlag, Bielefeld 2005
- Franz Jalics: *Kontemplative Exerzitien. Eine Einführung in die kontemplative Lebenshaltung und in das Jesusgebet*. Echter Verlag, Würzburg 2009
- Emmanuel Jungclaussen: *Das Jesusgebet. Anleitung zur Anrufung des Namen Jesus*. Verlag Friedrich Pustet, Regensburg 2014
- Emmanuel Jungclaussen: *Unterweisung im Herzensgebet*. Eos Verlag, Sankt Ottilien 2008

Informationen zur Ausübung des Herzensgebets

Weltgemeinschaft für christliche Meditation
The World Community for Christian Meditation (WCCM): www.wccm.org
Deutschland: www.wccm.de
Schweiz: www.wccm.ch

Spirituelles Zentrum St. Martin München
www.stmartin-muenchen.de

Spirituelles Zentrum im Haus Eckstein Nürnberg
www.eckstein-evangelisch.de

Via Cordis
www.viacordis.ch
www.kloster-wennigsen.de

Kloster Niederaltaich
www.abtei-niederaltaich.de

Grieser Weg
www.haus-gries.de
www.kontemplation-in-aktion.de
www.kardinal-koenig-haus.at